**터널 끝에는 빛이 있다**

믿음이란 한 알의 밀알이 땅에 떨어져 죽음으로 많은 열매를 맺음과 같이 진리의 열매를 위하여 스스로 죽는 것을 뜻합니다. 눈으로 볼 수는 없으나 영원히 살아 있는 진리와 목숨을 맞바꾸는 자들을 우리는 믿는 이라고 부릅니다.
「믿음의 글들」은 평생, 혹은 가장 귀한 순간에 진리를 위하여 죽거나 죽기를 결단하는 참 믿는 이들의, 참 믿는 이들을 위한, 참 믿음의 글입니다.

# 터널 끝에는
# 빛이 있다

어느 무슬림의 회심기

데이비드 자이든 지음
고석만 옮김

## 차 례

들어가는 말 7

1. 갈등 9
2. 드루즈인들의 산골에서 19
3. 동양의 진주 다마스쿠스 28
4. 이슬람과 함께 성장하다 40
5. 메카 순례 55
6. 대학 생활 70
7. 아라비아 만에서 84
8. 새로운 발견 92
9. 폴란드에서의 로맨스 113
10. 유랑 123
11. 리마솔에서의 몸부림 137
12. 터널 끝에 빛이 보이다 148
13. 망명을 인정받기까지 168

옮긴이의 말 171

**일러두기**

- 등장하는 사람들과 일부 장소의 경우, 위험에 노출될 우려가 있는 개인들을 보호할 목적으로 가명을 사용했습니다.
- 이 책의 영어 원문은 등장인물들의 대화를 비롯한 내용 전개상, 기독교의 'God'(하나님)과 이슬람교의 'Allah'(알라)를 'God'으로 동일하게 표기하고 있습니다. 따라서 한글 번역도 모두 '하나님'으로 표기합니다. 실제로 이슬람교에서는 '알라'를 영어로는 'God', 한글로는 '하나님'으로 옮기기도 합니다.

들어가는 말

이 책은 한 사람의 생생한 영적 순례의 기록이다.

사람은 태어난 때부터 죽는 날까지 이 세상에서 저마다 독특한 인생길을 지난다. 어떤 사람들은 삶의 진정한 의미를 이해하기 위해 의식적으로 애를 쓰며 안내자를 찾고, 또 어떤 사람들은 잠재적 관념 속에서 그 의미를 발견하려 한다. 삶에 '진정한 의미'가 존재할 수 있다는 생각에 반감을 품는 사람들도 있고, 인생행로에서 하나님이 자기들에게 나타내 주시는 것을 겸허히 받아들이는 사람들도 있다.

삶의 진정한 의미를 탐색할 즈음, 나빌은 자신이 갖고자 하는 모든 것, 즉 좋은 경력, 재산, 인맥, 사회적 지위를 다 누리고 있었다. 하지만 뭔가 빠진 것이 있었다. 그 뭔가를 끈질기게 찾는 과정에서, 그는 삶의 의미가 계율, 의식, 전통과 같은 종교적인 틀 안에서가 아니라 자기와 개인적이고 인격적으로 관계할 수 있는 어떤 신적 존재 안에서 발견된다는 것을 깨우쳤다. 아울러 그분을 따르기 위해서는 치러야 할 대가가 있다는 사실도 깨닫게 되었다.

# 1. 갈등

"하고 싶으신 대로 하세요!"

나빌 마다니Nabil Madani는 값비싼 플러시 천으로 만든 의자에 등을 기댄 채 별로 걱정하지 않는다는 투로 말했다.

"제 친구들 문제는 제 개인적 일이고, 형이나 사장님이 제 사생활에 관여할 권리는 없잖아요!"

나빌의 형 안와르와 사장 아흐마드는 나빌의 안락한 아파트에서 커피 탁자를 사이에 두고 나빌과 마주 앉았다. 이 아파트는 두바이의 부유한 지역에 들어선 고층 빌딩 8층에 있었다. 두 사람은 이 젊은이의 머릿속에 올바른 생각을 심어 놓기 위해 애써 봤지만 그럴수록 무력감만 점점 커져 갔다.

'대체 얘는 자기가 뭔가 된 줄 아는 걸까? 무슨 배짱으로 감히 우리의 지시를 거역하고 계속 제 갈 길을 가겠다고 고집을 피운단 말인가?'

이건 결코 그냥 넘길 일이 아니었다. 당연히 막아야 했다! 두 사람은 조금도 물러서지 않을 태세였다. 만약 나빌이 그들의 말에 따르지 않는다면, 그들은 그가 결코 잊지 못할 호된 맛을 보여 주기로 작정했다.

"나빌, 잘 들어라."

안와르가 검은 턱수염을 매만지며 나직하게 말했다.

"이건 농담이 아니야. 너는 이 길로 너무 많이 들어갔어. 우리는 네가 더 빠져들도록 놔둘 수 없어. 자, 우리의 마지막 조건을 제시하겠다. 받아들이는 게 좋을 거다. 헨리나 다른 서양 친구들과의 관계를 모두 청산하고 정통 무슬림의 길로 돌아와라. 우리가 네게 요구하는 것은 이것뿐이다!"

아흐마드가 말을 덧붙였다.

"3주간의 여유를 주겠네. 그 안에 결정을 하게. 자네 하는 업무에 우리가 만족해하는 줄 자네도 알잖은가? 우리는 자네가 가장 좋은 길을 택하길 바랄 뿐일세. 자네는 훌륭한 가문 출신의 무슬림이고, 지금 이슬람 출판업에 종사하는 사람이야. 그러니 자네는 착실한 무슬림으로 살아가는 모습을 보여 주어야만 해. 분명코 우리가 자네에게 너무 과도한 것을 요구하지는 않잖은가? 우리로서는 이 문제에 타협이 있을 수 없네."

"분명히 말씀 드리지만, 저는 형과 사장님이 저보고 무엇을 해라 마라 하지 않았으면 합니다."

나빌이 화가 나서 되받았다.

"그렇게 저를 몰아붙이니까, 이제 더는 두 분과 함께 기도회에 참석하지 않겠습니다. 우격다짐으로 종교를 제 목구멍에 집어넣을 권리가 없으시잖아요."

격렬한 말다툼이 이어졌다. 아흐마드와 안와르도 단념하려 하지 않았고, 나빌도 그들의 사나운 어투에 특유의 고집으로 맞섰다.

"우리의 조건을 받아들이는 게 신상에 좋아. 말 안 들으면 자네를 내쫓을 거야. 자네가 일자리를 잃으면, 그땐 누가 자네의 친구가 되어 줄 성싶은가?"

이렇게 경고하고 두 사람은 노기 띤 얼굴로 아파트를 나섰다. 그들이 걸어 나갈 때 나빌은 속에서 분노가 폭발하는 것을 느꼈다.

'이런 식으로 내게 규칙을 강요하다니, 정말 자기들이 뭐라고 생각하는 거야?'

그는 자신이 독립적인 선택을 할 수 있는 자유인이라는 것을 그들에게 보여 주고 싶었다. 그는 형이 너무 거만하다고 생각했다. 한 살 위인 형이라고 해서 동생에게 이래라 저래라 명령할 수 있다는 생각은 얼토당토않은 것이었다. 나빌의 기억에 안와르와의 관계는 언제나 이런 식이었다. 모범생 안와르는 항상 나빌이 본받아야 할 대상으로 자리매김해 있었다. 반면, 나빌은 형의 빛나는 발자취를 결코 따라갈 수 없는 부족하고 평범한 존재였다. 그리고 안와르는 그 자신의 편협하고 근본주의적인 이슬람 세계관으로 인해 그야말로 고집불통이 되어 있었다.

나빌은 적어도 최근까지 착실한 무슬림으로 살아왔다고 생각했다.

그는 자기가 믿던 종교의 다섯 기둥*뿐 아니라 대부분의 전통도 성실하게 지켰다. 그는 종교적인 사람이었다. 하지만 그렇다고 해서 두 사람이 요즘 자기에게 하는 식으로 자신이 믿는 바를 남들의 목구멍에 우겨 넣어야 한다고 여기지는 않았다. 지금 세상은 7세기가 아니라 20세기에 와 있는데!

이런 생각들이 어지럽게 떠오르자, 의심의 그림자가 마음속에 드리워졌다.

'아마도 내가 인생에 대해 너무 순진한 생각을 갖고 있는 게 아닐까? 그저 나는 나를 끔찍이 위하는 어머니와 누이들에게서 무엇이든 원하는 대로 얻어 낼 수 있는 사람이고, 또 엄격한 아버지를 잘 구슬려서 별 충돌 없이 내 식으로 살고 싶어 하는 돼먹지 못한 작은아들일까?'

나빌은 종교라는 것이 자기와 하나님 사이의 개인적인 일이며 사적인 문제라고 줄곧 생각해 왔다. 그런데 이러한 생각이 이슬람교 세계에서 올바른 것일까? 그는 이슬람교가 삶의 모든 분야에서 그 가르침에 온전히 순종할 것을 요구하는 종교이며, 여기에는 종교와 세속이 구분되지 않고, 개인 대 집단이라는 이분법이 용인되지 않는다는 것을 배울 만큼 배웠다.

---

• 다섯 기둥Five pillars: 무슬림(이슬람교 신자)들이 이행해야 할 다섯 가지 의무, 즉 ① 신앙고백 Shahada, ② 매일 다섯 차례의 기도, 즉 예배Salat, ③ 자선Zakat, ④ 라마단 단식Sawm, ⑤ 메카 성지 순례Hajj를 일컫는다. 이 책의 원제인 'The Fifth Pillar'는 저자가 다섯 번째 기둥인 '메카 순례'에 빗대어 붙인 것이다. - 옮긴이(이하 모든 주는 옮긴이가 붙인 것임).

이슬람교는 세상만사를 망라하는 종교로서, 인간의 삶의 세세한 부분까지 하나님의 권세 아래 있다고 주장한다. '개인적 선택'이라는 관념은 그야말로 서양의 희한한 고안물이며, 전통적인 순니파* 이슬람교를 거스르는 것이라고 그는 배웠다. 순니파 이슬람교는 모든 분야에 대한 예외 없는 통치를 표방하며, 전적인 복종만을 요구한다. 하나님이 부과한 이 복종의 의무는 변명을 허용하지 않는다!

나빌은 몸이 떨렸다. 자기 고집이 어떤 결과를 초래할지 서서히 깨닫고 있었다.

'형과 사장이 공갈에 그치지 않고, 그 위협한 바를 실행에 옮길 참이라면 어떻게 해야 하나? 내가 얼마나 어리석게 행동했던가!'

좀더 신중하고 자세도 좀 낮추고 타협적인 태도를 보였어야 했다. 나빌이 타협하려는 자세만 취했어도 그들은 그가 반성한다는 뜻으로 받아들였을지 모른다. 그렇다면 상황은 정상으로 돌아갈 수 있었을 것이다. 왜 그토록 고집을 부렸던가? 앞으로 무슨 일이 벌어지려나?

☪

이튿날 출근길에 오른 나빌은 불안감에 잔뜩 휩싸여 있었다. 형이 그를 아흐마드에게 처음 소개해 준 것은 3년 전이었다. 그 즈음 '이슬람

---

* 순니파 Sunni: 전세계 무슬림의 약 90퍼센트가 속한 이슬람교 일파. 시아파 Shiah와 함께 이슬람교의 양대 종파를 이루고 있다.

1. 갈등 13

출판사'라는 기업을 성공적으로 경영하고 있던 아흐마드는 두바이에 신설한 지사를 맡을 사람을 찾고 있었다. 이 출판사는 전 아랍권을 비롯해 대부분의 무슬림 국가에 지사를 둔 명성 높은 회사였다. 나빌은 기쁜 마음으로 그 일자리를 받아들였다. 급여도 높고 경력도 쌓을 수 있는 자리였기 때문이다.

나빌은 몸을 사리지 않고 일하는 모습을 보여 주었다. 그 결과 두바이 지사는 경영과 회계에서 안정된 틀을 갖추게 되었고 영업 실적도 호조를 보였다. 나빌은 자신이 보기에도 유망한 사업가로 생각되었다. 아흐마드는 그를 채용한 것을 대단히 만족해했다. 사실 나빌의 아버지, 형, 동료 등 모든 사람들이 그로 인해 기뻐했다. 하지만 이제 뭔가 잘못 돌아가고 있었다!

이후 몇 주간 나빌은 팽팽한 긴장감 속에서 지냈다. 어느 모로 보나 그를 대하는 아흐마드의 태도가 확연히 달라져 있었다. 이전과 달리 아흐마드는 사무실에서 그를 만나면 못 본 체했고, 그가 내린 결정을 뒤집었으며, 연락을 취해도 무시해 버렸다. 그와 아흐마드의 특별한 관계가 없어진 것이 분명해졌다.

이 기간 동안 나빌은 아무런 문제가 없는 것처럼 처신했다. 사람들이 그가 사표를 낼 거라고 예상했다면 오산이었다. 나빌은 고용 계약이 만료되기까지 앞으로도 상당한 개월 수가 남아 있기 때문에 재계약 협상 전까지는 현행 계약의 든든한 보호를 받고 있다고 생각했다. 그는 이 계약을 중도 해지할 의사가 없었다. 나빌은 성공적인 사회생활을 이루려는 열망에 차 있었다. 하지만 염려되는 구석이 있었다. 만약 아흐마드가 그를 해고해 버린다면? 나빌은 고국 시리아에서 병역 의무를 면제받는 데 필요한 조건인 외국 거주 5년을 채우려면 앞으로 몇 달만 더 외국에서 지내면 되는 상황이었다. 그가 두바이에서 직장을 잃는다면 그 기간을 버텨 내기란 불가능했다. 직장 없이는 두바이가 속한 아랍에미리트연방에서 비자를 받는 것도 기대할 수 없었다. 이전 직장의 상사가 추천서를 써 주지 않을 경우, 두바이에서 새로운 일자리를 얻기란 극히 어려웠다. 심지어 추방당할 수도 있었다!

결국 나빌은 이 상태에서 뭔가 해 보기로 마음먹었다. 그는 두바이 주재 시리아 영사에게 연락하여 저녁 식사에 초대했다. 그날 저녁 나빌은 영사에게 자기 아버지를 거론하며 현재 처한 곤경에 대해 털어놓았다. 시리아 밖에서의 5년 기간을 채우기에는 단지 몇 달이 부족한 처지였다. 그러자 영사가 제안했다.

"서류를 다 준비해서 내일 내 사무실로 와요."

이튿날 영사의 사무실에 찾아간 나빌은 자신이 외국에서 5년간 거주했다는 것을 증명하는 공문서를 건네받았다. 거기에는 영사의 서명과 함께 직인이 찍혀 있었다.

'이제 해결됐군!'

나빌은 곧바로 그 증명서를 다마스쿠스에 있는 아버지에게 발송하여 관할 병무 관청에 제출해 달라고 부탁했다. 아버지의 명성과 영향력 있는 인맥 덕분에 적어도 문제 하나는 해결된 셈이었다.

몇 주 후 어느 아침, 아흐마드가 사무실에 들어와 말을 꺼냈다.

"나빌, 우리 회사에서 일해 주어서 고마웠네. 이제 자네가 그만둘 때가 된 것 같군."

아흐마드의 얼굴에는 아무런 표정도 없었다. 나빌이 이의를 제기했다.

"하지만 6주 전에 통보해 주도록 되어 있잖습니까? 제가 서명한 고용 계약이 끝나려면 4개월이 남았어요. 제 나머지 월급은 어떻게 하시겠어요? 수당은요? 또 휴가 티켓하고 보너스는요? 어쨌든 저는 이곳에서 3년이 넘도록 일을 했습니다!"

"아, 그것들에 관해서는 염려하지 말게. 안와르하고 벌써 다 상의해 두었네. 형에게 말해 보게. 그가 모두 처리해 줄 걸세."

아흐마드가 머뭇거리지 않고 대답했다.

나빌은 다소 멍한 상태로 사무실을 떠났다. 드디어 사장과 형이 위협한 바를 실행에 옮긴 것이다. 이제 안와르에게 연락을 해야 하나? 나빌은 그러지 않기로 했다. 대신 자기에게 안와르가 연락해 올 때까지 기다리기로 마음먹었다. 그 사이에 나빌은 아파트로 돌아가 짐을 꾸리기 시작했다. 이삼 일이 지나자 안와르가 전화하여 그를 보러 오겠다고 했다. 형수와 함께 온 안와르는, 나빌이 고집을 꺾지 않고 자신들의 최후통첩을 받아들이지 않았기 때문에 자신이 직접 나서서 이런 절차를 밟게 되었다고 차가운 어조로 설명했다. 그러니 나빌이 직장을 잃을 수밖에 없었던 것이다.

나빌은 따져 봐야 소용없는 노릇이라고 느꼈다. 이미 안와르가 작심한 터라 일을 되돌릴 수는 없는 상황이었다.

"그럼 내가 받아야 할 월급과 나머지 보수를 형이 챙겨 줄 수 있을까? 형이 모두 처리해 줄 거라고 사장님이 그러시던데."

"하!"

안와르가 조롱과 놀라움이 섞인 투로 말을 받았다.

"네가 권리를 찾고 싶다면 그 문제를 노동법원에 가지고 가 봐. 아흐마드 사장이 너한테 한 푼도 내놓지 않겠다고 그랬으니까."

나빌은 안와르가 빈정거리고 있음을 알아챘다. 이것은 그들이 나빌을 응징하기 위해 생각해 낸 수단이었다. 노동법원에 간다 해도 뜻대로 될 가망은 없어 보였다. 사건이 몇 년을 끌 것이고 소송 비용으로 막대한 돈이 들 것이기 때문이었다. 아흐마드 사장에게 받아야 할 돈을 계산해 보니 두 달치 월급 및 휴가 보너스와 수당을 합해서 15,000달러가량 되었다. 포기하기에는 너무 큰 액수였지만, 이제 와서 어떻게 해 볼 도리가 없을 것 같았다.

나빌이 비통한 심정으로 말했다.

"도와줘서 고마워. 내 물건 일부를 형 집에 좀 보관해 줄 수 있겠어?"

안와르가 그러마 했지만, 두 사람은 냉랭한 상태로 헤어졌다. 안와르는 동생의 반항에 분개해 있었다. 어쩌면 그리도 고집불통이 되어 형과 가족의 권고를 우습게 여길 수 있단 말인가? 건방지고 용서할 수 없는 짓이었다. 마땅히 나빌은 벌을 받아야 하고 자기가 저지른 잘못의 대가도 치러야 했다. 창피도 당하고 결판이 나야 했다. 이런 경우엔 이

방법 말고 다른 대책이 없었다. 안와르는 나빌이 결국 무너질 것이고, 뉘우치며 용서를 빌러 올 거라고 굳게 믿었다.

나빌이 두바이에서 개인 일을 정리하는 동안, 안와르가 트럭을 보내서 그의 물건을 실어 갔다. 승용차는 팔아서 나빌의 은행 계좌에 입금해 주겠다고 약속한 믿을 만한 친구에게 맡겼다. 짐을 다 꾸린 나빌은 택시를 불러 공항으로 타고 갔다. 그는 폴란드 바르샤바로 가는 비행기에 탑승했다. 아, 바르샤바! 레나타가 그를 기다리고 있는 곳…….

이미 나빌은 중대한 결심을 한 뒤였다. 그 전까지 그는 동시에 두 세상에서 살 수 있을 거라고 생각했었다. 그런데 안와르의 최후 통첩은 그 판단이 어리석었음을 그에게 확인시켜 주었다. 골치 아팠던 중동생활을 벗어난다고 생각하니 갑자기 안도감이 밀려들었다.

✠

레나타를 떠올리자, 동유럽 공산사회 특유의 보안이 잘 되어 안정된 분위기가 그리워졌다. 하지만 비행기 좌석에 앉자 마음 가득히 밀려오는 기억들을 억제할 수 없었다. 그것들은 그의 가족이 살아온 자취였다. 나빌 자신의 삶의 세세한 부분들까지 기억 속에 되살아났다. 수많은 얼굴이 떠올랐고, 그를 지금의 돌이킬 수 없는 갈등과 이별로 몰고 간 숱한 사건들도 주마등처럼 스쳐갔다. 이제 나빌에게는 무엇보다 생각을 가다듬을 시간이 필요했다.

## 2. 드루즈인들의 산골에서

페루즈 마다니는 자기 집 발코니의 그늘진 구석에 놓인 고리 의자에 심란한 표정으로 앉아 있었다. 그녀의 집이 있는 곳은 수웨이다라는 작은 도시였다. 여름철이라 날씨는 건조하고 먼지가 많았으며, 햇볕은 따갑게 내리쬐고 있었다. 페루즈는 임신 6개월째였지만 마음이 편치 않았다. 아니, 임신 초기부터 그랬다. 남부 시리아 땅, 신에게 버림받은 이 귀퉁이에서 왜 이렇게 살고 있어야 하나? 온갖 편리한 시설이 갖춰져 있고 일가친척과 친구들이 모여 사는 아름다운 수도 다마스쿠스를 떠나지 않았더라면! 거기서 그들은 결혼 첫해를 참 행복하게 보냈었다. 그때는 남편 하십이 제벨 앗드루즈라고 알려진 지역의 주도인 수웨이다에 주지사 보좌관으로 발령 나기 전이었다.

페루즈는 무엇보다 친정이 그리웠다. 그녀는 화목한 친정 식구들 가운데에서 언제나 초점이었고, 활달하고 원만한 성격 때문에 형제 둘과

자매 셋이 종종 그녀의 상담이나 조언과 위로를 받으러 오곤 했다. 페루즈는 조용하게 사람을 이끌어 주는 역할을 좋아했다. 그것은 천부적인 재능이었다. 그녀는 정말로 형제자매 모두를 사랑했고, 대부분이 결혼하자 그들의 집을 돌아가며 방문하기를 즐겼다. 아랍 문화에서 이런 방문은 일가친척의 결속을 다져 주는 것이다. 그러나 수웨이다로 이사한 뒤부터 그들은 연차 휴가를 이용하여 1년에 한두 번 정도 다마스쿠스에 짧게 다녀올 수 있을 뿐이었다. 페루즈는 외로움에 짓눌려 있는 듯했다.

하십이 이 상황에서 해 줄 수 있는 것은 하나도 없었다. 그는 매우 중요한 직책을 맡고 있고, 페루즈는 그것이 남편이 내무부에서 상당히 좋은 평가를 받고 있음을 의미한다는 것을 알고 있었다. 시리아는 독립 후 나라를 재정비하는 과정에서, 유능한 관료들을 총동원하여 신생 국가의 단합을 유지하고 효율적인 공무원 제도를 구축하기 위한 작업을 집중적으로 추진할 필요가 있었다. 변방에 위치한 지역들에서는 더더욱 그러했다.

페루즈는 하십이 자랑스러웠다. 그녀와 마찬가지로, 하십은 다마스쿠스에서 존경받는 순니파 상류층 출신이었다. 본래 터키에서 옮겨 온 그의 가문은 다마스쿠스에 정착한 지 200년이 되었다. 페루즈의 가문은 내력을 추적하기가 쉽지 않을 정도로 꽤 오래 전부터 그곳에서 살고 있었다. 서기 7세기에 시리아가 무슬림에 정복된 이후 줄곧 이 나라의 지배 계층을 이루어 온 유서 깊은 가문들에 속해 있다는 것은 대단한 자랑거리였다. 이 가문들은 찬란한 우마야드 칼리프 왕조* 시대의 중추적인 세력이었다. 당시 이 광대한 이슬람 제국은 다마스쿠스를 수도로 세우고 서쪽으로 스페인에서 동쪽으로는 인도까지 걸쳐 있었다.

1940년대에 하십은 시리아를 위임 통치하고 있던 프랑스 군대의 장교로 복무했다. 1946년 시리아 독립 후, 그는 다마스쿠스에서 내무부에 배치되어 신생 국가의 주민등록 사무를 맡아 신분증을 발급하는 중요한 일을 했다. 이 일은 다양한 부류의 사람들에 대한 정부의 관리 체계를 세우고 효율적인 징세 기반을 갖추는 데 필수적인 업무였다. 시리아는 순니파 외에도 알라위파, 드루즈파, 이스마일파**, 쿠르드족, 투르크멘족, 기독교인 등 여러 민족과 종교 집단으로 구성된 혼합 국가이다. 이들을 잘 융합하여 제대로 움직이는 현대 국가를 만드는 과업은 결코 수월한 일이 아닐 것이다! 그런데 하십은 이 일을 훌륭하게 해냈고, 그 공로로 현재 수웨이다에서 새로운 직무를 맡게 되었다.

페루즈는 하십과 처음 만나게 된 사연을 떠올리며 혼자서 미소를 지었다. 거기에는 좀 우스운 일이 있었다. 그녀가 다마스쿠스에 있는 자기 집 2층 창가에 서서 사과를 먹으며 분주한 길거리를 내다보고 있을

---

* 우마야드 칼리프 왕조Umayad Caliphate(서기 661~750): 시리아의 태수 겸 장군인 우마이야가 일으킨 이슬람 왕조로서, 활발한 상업 활동과 정복 정책으로 스페인에서 북아프리카와 중동을 거쳐 북인도에 이르는 광대한 국가를 이루었다.
** 알라위파 'Alawi, 드루즈파Druze, 이스마일파Isma'ili: 시아파 이슬람교에 기원을 둔 소수 종파들. 드루즈파는 시리아 남부(특히 제벨 앗드루즈)와 레바논 등지에 사는 소수 민족인 드루즈인들의 종파다.

때였다. 어쩌다가 그녀가 사과를 놓쳤는데 마침 아래를 지나가던 어느 제복 입은 남자를 향해 떨어졌다. 하마터면 그의 머리를 맞힐 뻔했다. 화가 치민 그 남자는 위를 쳐다보며 조심성 없는 가해자를 야단치려고 입을 열었다. 하지만 그는 물결치는 듯한 검은 머리카락을 지닌 아름다운 아가씨의 까맣게 반짝이는 눈동자를 보고는 저도 모르게 입을 다물었다. 그녀는 방금 자신이 저지른 일 때문에 겁에 질린 채 그를 내려다보고 있었다. 두 사람의 시선이 마주쳤다. 그는 미소를 머금으며 아무 일 아니라는 듯이 그녀에게 손을 흔들고는 가던 길을 계속 갔다. 그녀는 멀어져 가는 키 큰 남자를 꿈꾸듯이 바라보며 그의 멋진 외모를 떠올려 보았다. 그녀가 만나 본 적이 없는 고위 장교인 것이 분명했다. 그는 말쑥한 군복 차림으로 강렬한 인상을 남겨 놓았다.

사실 그 군인도 이 아가씨를 잊지 않고 있었다. 며칠 뒤 그의 어머니가 그녀의 어머니를 찾아온 것이었다. 그녀의 가문에 대해 더 알아보기 위해서였다. 그로부터 오래지 않아 남자의 부모가 여자의 부모를 방문했고, 딸을 자기네 아들에게 달라고 정식으로 요청했다.

훗날 하십이 그녀에게 말하기를, 집에 들어가자마자 곧바로 어머니께 가서 부탁 말씀을 드렸다고 했다.

"오늘 어떤 아가씨를 봤어요. 여기 주소가 있는데요, 그 집에 찾아가 주시면 좋겠어요. 그 여자하고 결혼하고 싶어요."

그는 일단 마음을 정하면 과감하게 행동에 옮기는 사람이었다. 페루즈는 하십의 이런 성격에 탄복했다. 그 무렵 그의 부모는 자기 아들의 짝이 될 만한 여자를 찾고 있었다. 그래서 페루즈의 배경을 확인해 보았고, 그녀가 훌륭한 가문 출신이라는 사실을 알게 되자 자기 아들이 행복하게 결혼하여 잘 살 수 있도록 모든 필요한 절차를 흔쾌히 밟아 나갔다.

예비 신랑과 신부의 결혼이 잘 어울린다고 생각하는 양가 부모들이 중매하는 것은 전통적 관습이었다. 이 과정에서 제일 중요하게 고려할 요소는 두 집안의 배경이었다. 가능하다면 누구나 자기가 속한 사회적 계층 또는 그보다 높은 계층의 사람과 결혼하는 것을 바람직하게 여겼다. 특히 가문의 위신은 핵심적인 것이었다. 양측은 결혼 관계로 가문의 명예가 손상되지 않도록 상대 가문의 배경을 조사하는 데 많은 시간을 들였다. 재산도 중요했다. 권력과 부는 다마스쿠스에 있는 주요 가문들의 지위를 유지하게 하는 데 필수적이기 때문이었다. 피는 물보다 진하다고 했다. 따라서 두 집안이 일단 결혼으로 맺어지면 양측은 서로에게 끝까지 신의를 지키며, 고위층에 있는 친척과 지인들의 인맥을 활용해 상대 가족들이 사회적·경제적·정치적으로 발전하도록 도와주게끔 되어 있었다.

마침내 페루즈는 결혼에 동의할 것인지 질문을 받았을 때, 기쁜 마음으로 "예"라고 대답했다. 적어도 그녀는 그 질문을 받기 전에 남편감을 보았던 터이며, 그렇게 본 상대방한테 마음을 두고 있었다. 이런 일은 다른 여러 처녀들은 꿈도 꾸지 못할 만큼 드문 경우였다.

두 사람은 1955년에 결혼했고, 파티와 무도회와 친구 및 가족 방문

등 분주한 사회 활동을 즐기며 수도에서 편안한 삶을 누렸다. 이러한 생활은 하십이 새로운 직책을 맡아 멀리 드루즈인들이 사는 곳으로 전근 가기 전까지 이어졌다.

드루즈인은 시리아 인구의 3퍼센트에 지나지 않으나, 요르단과 국경에 인접한 산악 지역의 천연 요새에 거주하면서 용감한 무사 공동체를 이루고 있었다. 1920년대에 이들은 프랑스의 식민 통치에 대항하여 봉기한 최초의 사람들로, 곧이어 다마스쿠스에 사는 순니파 아랍인들을 휩쓴 민족주의에 불을 붙여 주었다. 이에 프랑스인들은 다마스쿠스에 폭격을 가함으로써 보복에 나섰고, 저항이 수그러들 때까지 격렬한 전투가 벌어졌다. 그렇지만 새로운 독립국가인 시리아에 대한 드루즈인들의 충성심은 의심스러웠다. 일부 드루즈인들은 자기들의 지역이 이웃한 요르단 왕국에 병합되어야 한다고 주장했다. 천 년 전에 시아파 이슬람교에서 일어난 이단 종파에 속한 이들은 오랜 세월 동안 다마스쿠스의 순니파 지배층으로부터 혹독한 취급을 받아 왔다. 새로운 정권이 지혜롭고 일관성 있게 이들을 대하지 않는다면, 지배층 가문들에 대한 이들의 원한은 또 다른 반란으로 이어질 소지가 있었다.

고등교육의 혜택을 받은 신세대 시리아 여성인 페루즈는 교사 자격증이 있었다. 시리아는 독립을 맞으면서 커다란 희망에 부풀었다. 그것은 다시 한 번 아랍 세계의 맹주 자리를 차지하기 위해 일반 대중의 교육 수준을 끌어올리는 한편 정치·경제·문화적 측면의 발전을 촉진하자는 것이었다. 그러나 이러한 목표에는 높은 문맹률이 걸림돌이었고, 신생 국가는 이 문제에 대처하고자 나라의 모든 가용 자원을 동원하고 나섰다. 수웨이다로 간 페루즈는 현지의 여자 초등학교에서 교편을 잡음으로써 시리아의 야망을 실현해 가는 데 일조했다.

사랑하는 조국을 위해 큰 꿈을 꾸는 것과, 그것을 이루어 가는 과정에 공헌할 수 있다는 것은 기분 좋은 일이었다. 하지만 페루즈는 자신이 수웨이다에서 얻은 직장 일을 가족이나 친구들이 대수롭게 여기지 않는다는 것을 알고 있었다. 그들은 수도에서 하는 일들만이 위신이 서는 것이라고 생각했다. 다마스쿠스 시민들은 지방에 사는 사람들을 언제나 얕잡아 보았다. 게다가 지금 페루즈는 매우 지치고 낙담한 상태였다. 첫아들 안와르가 태어난 지 막 일 년이 되었는데, 그녀는 자신의 삶에서 그 아이를 자랑거리로 삼고 있으면서도 여전히 활력을 되찾지 못하고 있었다.

페루즈는 다시 임신한 것을 확인하고는 절망감에 빠져 눈물을 쏟았다. 심지어 그녀는 현지 의사가 처방해 준 알약을 먹고 낙태를 시도하기도 했지만 뜻을 이루지 못했다. 그러자 의사는 인근의 거친 산길에서 차를 몰고 다니면 유산할 수 있을 것 같다고 조언해 주었다. 이 방법도 효과가 없자, 의사는 그녀를 요르단의 야르묵 강 계곡의 엘렘마에 있는 온천으로 보내기도 했다. 모든 노력이 허사로 돌아갔다. 아침마다 일찍 일어나 무거운 발걸음으로 학교까지 먼 길을 가서 여러 시간 동안 학생들 앞에서 계속 서 있는 것이 점점 더 어려워졌다. 그녀에게는 휴식과 안정과 환경 변화가 절실히 필요했다.

페루즈에게는 사라라는 드루즈인 가정부가 있었다. 사라는 매일 집에 와서 청소하고 요리하고 어린 안와르를 돌보아 주었다. 순박한 시골 아가씨인 사라는 페루즈와 아기에게 정성껏 대했고 일도 잘해 냈다. 드루즈인의 이런 특성을 페루즈는 좋아했다(누구든지 일단 그들의 충심을 얻기만 하면, 그들은 어떤 상황이 닥치더라도 그의 편이 되어 줄 것이다). 페루즈의 어려움을 덜어 주려는 마음에서 사라는 페루즈가 아기를 낳으면 자기가 그 아이를 입양하겠노라고 제안하기까지 했다. 물론 이것은 말도 안 되는 제안이었다. 마다니 가문의 아이는 엄격한 순니파 이슬람교를 따르는 본가에서 기르는 것이 당연했다. 이단적인 드루즈파를 믿는 집안에 아기를 맡겨 키운다는 것은 엄청난 수치였다. 아니, 생각조차 할 수 없는 일이었다!

　드루즈인들은 좋은 사람들이지만, 시대의 흐름에 뒤떨어져 있고 배타적이었다. 그들 대다수는 순박한 농부들로서 아랍어를 사용하며 시리아 국적을 갖고 있지만, 페루즈가 보기에 그들의 문화와 그녀의 문화는 너무나 달랐다. 그들은 페루즈가 자신들을 위해 교사로 일하는 것에 고마워했고, 정부 관리로서 하십의 위치를 존중해 주었다. 자기들이 생산한 농작물을 가지고 와서 선물로 내놓기도 했다. 하지만 그녀는 그들 중 어느 누구와도 이 이상 친밀해지지 못했다. 드루즈인들의 비밀스런 종교가 큰 장벽이었다. 페루즈와 하십은 그들의 기도회나 종교행사에 초대받은 적이 한 번도 없었다. 드루즈인들은 외부인에게 자신들의 신앙에 관해 절대로 입을 열지 않았다.

수세기에 걸친 박해로 드루즈인들은 개종자 만들기에 관심이 없는 내향적 종교 공동체가 되고 말았다. 그들이 외부 세계에 바라는 것이라고는 스스로 내정을 운영하고 자신들이 원하는 종교 지도자를 임명할 수 있도록 자치권을 인정해 주고 간섭하지 말라는 것이 전부였다. 과거에 드루즈인들은 자유를 지키려고 모든 침입자들에 맞서 격렬히 싸움을 벌였다. 그래서 시리아와 레바논에 있는 다른 공동체들은 지금도 그들을 두려움과 존경의 시선으로 보고 있다.

1957년 11월, 페루즈는 둘째 아들을 낳았다. 당시 수웨이다에 병원이 없었기 때문에 의사와 산파의 도움을 받아 출산을 했다. 다행히도 합병증이 나타나지 않았다. 페루즈는 기력이 쇠진해졌음을 느꼈지만 아들을 또 하나 봤다는 것이 기뻤고, 하십이 그 아이를 처음 안으면서 매우 자랑스러워하는 모습에 흡족했다. 아들을 여럿 낳는 것은 대단한 영예였다. 가문의 줄기가 지속된다는 것을 의미하기 때문이었다. 그들 부부는 아들 이름을 나빌이라고 지었다.

몇 달 후, 하십에게 반가운 소식이 날아들었다. 다마스쿠스로 발령이 난 것이었다. 페루즈는 자신의 기도가 응답되었다고 생각했다. 사실 그녀는 정든 고향으로 돌아가 다시금 풍성한 생활을 누리게 될 날을 오매불망 그리워하고 있었다.

## 3. 동양의 진주 다마스쿠스

1958년, 하십과 페루즈는 두 아들을 데리고 다마스쿠스로 돌아왔다. 하십에게 내무부의 인구등록국장이라는 요직이 주어졌다. 그는 1988년 퇴임할 때까지 30년간 이 보직을 맡았다. 이 자리에는 넉넉한 보수와 함께 기사 딸린 전용 관용차가 제공되었다. 그는 이 직책을 통해 정부 각 분야의 중요한 인물들과 교류할 수 있게 됨으로써 출세에 필수적인 기반을 갖추었다. 그의 앞날은 보장된 것이나 마찬가지였다.

하십 부부는 마즈라아에 있는 널따란 최신 아파트에 집을 정했다. 이곳은 정부의 주요 청사들과 외교관 지구에 가까웠다. 멀리 고개를 들면 안티레바논 산맥의 봉우리들과, 정상에 눈이 덮인 2,800미터 높이의 헤르몬 산이 시야에 들어왔다. 이 산맥에서 발원한 바라다 강*은 다

---

* 바라다 강Barada: 성경에는 '아바나 강'으로 나온다(왕하 5:12).

마스쿠스를 가로질러 흐르면서 사막 땅에 연중 내내 싱그러운 오아시스를 만들어 준다. 다마스쿠스는 저 유명한 알구타 오아시스의 정원들과 과수원들에 둘러싸여 있는데, 이 오아시스에는 종횡으로 뻗은 많은 물줄기들이 물을 대 주고 있다. 황량한 사막에서 나온 고대의 베두인*들에게 다마스쿠스와 그 주변 지역이 언뜻 낙원처럼 보인 것도 무리가 아닐 성싶다. 전승에 따르면 다마스쿠스는 원래 에덴동산이 있던 자리라고 한다. 하디스**에는 예언자 무함마드가 말했다는 "다마스쿠스에 장막 말뚝을 박을 만한 자리라도 가진 자는 복이 있도다"라는 구절이 있다.

마다니 집안이 살게 된 주거지에는 가로수가 늘어선 넓은 도로들이 있고, 조금만 걸어가면 다채로운 시장과 유서 깊은 건물들이 즐비한 구 시가지에 다다를 수 있다. 다마스쿠스는 세상에서 사람들이 거주한 도시 중 가장 오래된 곳으로 알려져 있는 역사적인 장소다. 이집트인, 히타이트인, 아람인, 아시리아인, 바빌로니아인, 페르시아인, 그리스인, 로마인, 비잔틴인, 아랍인, 마멜룩인, 투르크인, 프랑스인 등 수많은 민족들이 거쳐 가며 이 도시를 지배했고 각기 자기들의 흔적을 남겨 놓았다. 그러나 최종적으로 살아남은 것은 이슬람 종교와 아랍어이

---

* 베두인: 아라비아 반도 내륙을 중심으로 시리아, 이란, 북아프리카 등지의 건조 지대에 사는 아랍계 부족. 주로 유목 생활을 하며, 이슬람교를 신봉한다.
** 하디스 Hadith: 이슬람교의 창시자 무함마드의 언행을 수록한 것으로, 이슬람 세계에서 꾸란(코란) 다음으로 권위 있는 책이며, 꾸란 해설서로 받아들여지고 있다.

며, 이 두 가지로 인해 다마스쿠스는 아랍계 시리아 독립국의 수도가 되었다.

다마스쿠스에는 로마 시대와 비잔틴 시대에 건축된 오래된 교회 건물들과 함께 우마야드 모스크Great Umayad Mosque가 화려하게 서 있다. 이 모스크는 현존하는 석조 모스크 중 최초의 것으로, 서기 705년에서 715년 사이에 칼리프 알왈리드 1세가 지은 것이다. 도시 어디를 가나 고대의 유물, 유명 인사들이 세운 건물, 위대한 통치자들과 성인들의 무덤을 볼 수 있다. 다마스쿠스 시민들이 자신들을 시리아뿐만 아니라 아랍 세계 전체의 엘리트라고 자부하는 것도 놀랄 일이 아니다. 그들은 순진한 촌사람들이나 사막의 유목민 베두인들뿐 아니라 알렙포, 홈스, 하마 같은 시리아의 다른 도시에 사는 시민들까지도 미개하다고 경멸의 눈초리로 내려다보았다.

하십과 페루즈는 양가 친척들과 가까운 곳에서 살게 됨에 따라, 친척들과 서로 집을 오가며 대접을 주고받느라 분주한 나날을 보냈다. 장남인 하십은 본가 전체의 머리로 여겨졌다. 그의 남동생들과 누이들은 모든 계획이나 문제나 의사 결정에 관한 판단을 그에게 맡겼고, 그의 말은 곧 법이 되었다. 그들은 하십을 매우 존경했으며, 만날 때에는 그의 손에 입을 맞추고 헤어질 때에는 그에게 축복의 말을 청했다. 이러한 것은 장남이 가족과 문중에서 최종적 권위를 갖는 강력한 가부장제의 무슬림 사회인 시리아에서 관행으로 되어 있다. 페루즈도 결혼 전에 자기 집안에서 언제나 중심이었는데, 이제 다시 형제들과 자매들이

상담이나 지원을 받으려고 찾아왔다.

하십 부부는 샤피이 학파* 계열의 충실한 순니파 신자들이었지만, 신앙심이 아주 깊은 것은 아니었다. 그들은 파티와 무도회와 외출을 즐겼고, 스스로를 서양의 가장 좋은 것과 이슬람교의 가장 좋은 것을 겸비할 줄 아는 현대적 무슬림이라고 여겼다. 그러나 다마스쿠스로 돌아온 뒤, 두 사람은 페루즈의 오라비인 무함마드가 자주 찾아오자 곧 그의 영향을 받게 되었다. 무함마드는 직업이 변호사였으나, 다마스쿠스 샤리아 대학교에 들어가 저명한 학자인 압드 알크림 리파이 밑에서 이슬람교를 공부했고, 후에 카이로에 있는 유명한 알아즈하르 이슬람 대학교에서도 공부했다. 그는 극도로 경건하고 열성적인 무슬림으로 변해서 다마스쿠스로 돌아왔으며, 이슬람교를 원래의 영광스러운 형태로 회복시키고 모든 무슬림들을 순수하고도 엄격한 옛날 신앙으로 되돌려 놓으려는 개혁 의지로 충만해 있었다.

무함마드는 남을 압도하는 힘이 있었으며, 그의 열정은 사람들에게 쉽사리 전이되었다. 그의 영향으로 하십은 정기적으로 모스크를 방문하여 기도하고 이슬람교의 모든 의식을 지키기 시작했다. 페루즈도 전통적인 이슬람교의 규칙에 따라 가정과 아이들을 돌보는 일에 전념하고자 교직을 그만두었다. 마침내 두 사람은 무함마드의 근본주의적 관점을 진리로 받아들이게 되었다. 설득력이 뛰어난 오라비 말에 페루즈

---

• 샤피이 *Shafi'i*: 순니파 이슬람교의 4대 법학파의 하나로, 넷 중에서 성향이 가장 온건하다.

가 따르지 않는 것이 딱 하나 있었다. 페루즈는 전통적인 베일을 쓰고 싶지 않았다. 사실 무함마드는 너무도 엄격한 나머지 자기 집안의 남자들조차도 그의 아내를 보지 못하게 했다. 여자들과 아이들만이 그의 아내를 볼 수 있었다.

페루즈는 교사 경험을 살려 아이들이 일찍부터 교육을 받을 수 있게 해 주었다. 하십과 페루즈는 자식들에게 큰 희망과 계획을 품었고, 이들이 성공적인 삶을 살기를 바랐다. 그래서 안와르가 세 살이 되자 사립 무슬림 유치원에 보냈고, 일 년 후에는 나빌을 형의 뒤를 따라 보냈다. 유치원에서 두 아이들은 읽기와 쓰기의 탄탄한 기초를 다졌다. 이렇게 남보다 앞섰기 때문에 둘은 다섯 살이 되어 정규 학교에 들어가자마자 곧바로 2학년으로 월반을 하게 되었다.

다마스쿠스에서 페루즈는 잇따라 딸 셋을 낳았는데, 이름은 자밀레, 아말, 이만이었다. 단란한 가정을 이룬 페루즈는 그리워하던 다마스쿠스의 평안함 속에서 활력을 되찾았고, 불어나는 가족을 위해 해야 할 일들을 잘해 냈다. 수웨이다에 있을 때 가벼운 심장병을 얻은 것 같기는 했지만, 이제 여기서는 자신에게 주어진 역할을 잘해 냈고, 무엇보다 또다시 가족과 지인들 가운데 핵심으로 자리 잡게 되었다. 이곳은 그녀가 알고 사랑하는 세계이자 가장 편안함을 느낄 수 있는 곳이었다.

종교는 식구들에게 안정감을 주었고, 자신들이 거대한 이슬람 사회, 곧 움마에 소속되었다는 의식을 갖게 했다. 이와 더불어 하십의 직위는 그들을 시리아 사회 상류층의 일원으로 만들어 주었다. 그들은 이

웃의 부러움과 존경을 받았다. 드디어 '성공'한 것이었다.

하십은 엄한 아버지였다. 그는 군대식 규율과 결부된 옛날 방식의 미덕을 높이 샀다. 이에 따라 순종이 강조되었고 실천으로 이어졌다. 그가 일단 어떤 결정을 내리면, 무슨 방법을 동원하더라도 그의 마음을 바꿀 수 없었다. 아이들은 아버지에게 장난을 치거나 친구처럼 대하지 못했다. 부모로서 존대와 예의 바른 자세로 대해야 했다. 아버지에게 인사할 때에는 손에 입을 맞추고, 대화할 때는 눈길을 아래로 향해야 했다. 부모에게 손님이 찾아왔을 경우, 부모가 아이들에게 들어오라고 하지 않으면 손님과 함께하는 것이 허용되지 않았다. 아이들은 부모를 보러 올 때마다 축복을 청해야 했다. 이슬람교에서는 부모에 대한 공경이나 순종이 하나님에 대한 공경이나 순종과 동등하다고 가르친다. 이 가르침에는 "부모에게 웁피*라는 말조차 하지 말라"라고 씌어 있다. 어떤 경우에서든 부모에게 말대답해서는 안 된다는 뜻이다.

하십은 아이들의 생활을 엄격하게 관리해 나갔다. 그들이 매 순간을 책임감 있게 사용하도록 한 것이다. 아이들은 매주 용돈을 받았는데, 주 초반에 다 써 버리고 나서 더 달라고 애원해도 소용이 없었다. 다음 번 용돈 받을 날이 되기 전에는 한 푼도 얻어 낼 가망이 없었다.

마다니 가문에서 가족간의 결속은 매우 견고했다. 이제 그들의 사회생활은 주로 하십과 페루즈의 양가 친족을 중심으로 이루어졌고, 서로

---

* 웁피 uffi: 우리말의 '에이, 체, 피' 따위에 상응하는 단어로 경멸이나 불쾌의 감정을 나타낸다.

자주 왕래하며 식사 대접을 했다. 그들은 예전에 즐기던 세상적인 쾌락을 멀리했고, 자라나는 아이들에게도 이를 금하도록 했다. 그 대신 가정과 모스크가 독실한 신자로 바뀐 그들의 새로운 자연 환경이자 근거지요 안식처가 되었다.

페루즈는 아이들의 숙제를 돌봐 주며 지도하는 일에 많은 시간을 쏟았다. 하십은 아이들의 공부를 점검하고 시간을 어떻게 사용하고 있는지 감독했다. 아이들에게 필요한 것이라면 다 마련해 주었다. 두 아들에게는 방해받지 않고 공부하고 숙제할 수 있도록 각자 자기 책상과 의자, 책꽂이를 갖춰 주었다. 이렇게 교육에 정성을 들인 보람이 나타났다. 두 아들이 학교에서 아주 우수한 성적을 거둔 것이다. 안와르는 탁월한 학생으로 이름을 떨쳤고, 나빌도 자기 반에서 항상 선두를 차지했는데, 때로는 선생님의 보조자로 뽑혀 의자를 정리하고 칠판을 닦고 학생들의 출석을 점검하는 일 등을 맡았다. 이 위치는 보통 명예로운 자리가 아니었다.

진지한 신앙생활을 해 나가기로 결심한 하십은 특유의 성격에 걸맞게 자신의 존재 전부를 이슬람교에 던져 넣었다. 그는 살랏, 즉 기도의 의무를 행하러 꼬박꼬박 모스크에 들렀는데, 예언자 무함마드가 명령한 새벽기도와 일몰기도에 그치지 않고, 전통에 규정된 바에 따라 매일 다섯 차례씩 기도했다. 그는 자기 식구들도 정해진 기도 시간을 확실하게 지키도록 했다. 만약 사정상 모스크에 가지 못하고 집에 있게 될 때면 하십은 새벽기도를 위해 식구들을 모두 모이게 했는데, 그 시각이 새벽 4시인 적도 있었다. 다들 메카를 향한 가운데 그가 맨 앞에 서고, 두 아들이 그 다음에, 그리고 맨 뒷줄에는 아내와 딸들이 자리를 잡았다. 그러고는 모두 하나님 앞에 엎드리며 익숙한 의식을 경건하게 반복했다.

라마단 단식 또한 마다니 가문에서 엄격히 지켜졌다. 페루즈는 스후르라고 하는 새벽 식사를 준비하려고 해 뜨기 전에 일찍 일어났다. 식구들 모두 동이 트기 전에 잠에서 깨어나 스후르를 함께 먹었다. 그리고 일출을 알리는 무엣진(기도 시간 안내자)의 목소리가 들리자마자 아이들을 포함하여 모두들 해질 때까지 먹거나 마시는 것을 중단했다. 일몰 후에는 온 가족이 함께 단식을 멈추고 식사를 했다. 그리고 모스크로 출발하기에 앞서 하십 뒤에 차례로 줄지어 서서 같이 기도하고, 모스크에 도착해서는 스무 번씩 특별 기도를 반복해야 했다.

이슬람법에 따르면 아이들은 일곱 살이 되면 단식을 시작하게 되어 있다. 일곱 살부터 아홉 살까지는 어른보다 일찍 그날그날의 단식을 마감할 수 있으나, 그 후로부터는 낮 동안 꼬박 단식을 해야 했고 이를 어기면 매를 맞았다! 하십은 단식을 제대로 다 한 아이들에게 상으로 돈을 주었다. 그러나 아이들은 단지 상을 받기 위해 몰래 음식을 입에 집어넣거나 화장실에 가서 물을 한 모금 홀짝 마셔 놓고는 하루 종일

---

● 라마단: 태음력의 하나인 이슬람력에서 9월을 가리키는데, 해가 뜰 때부터 질 때까지 식사, 흡연, 음주 따위를 금한다. 알라의 계시가 무함마드에게 최초로 임했던 때가 9월이기 때문에 이 달이 라마단으로 정해졌다고 한다.

아무것도 입에 대지 않았다고 거짓 보고를 하곤 했다. 라마단\*이 여름철과 겹칠 경우에는 강렬한 더위 때문에 단식이 특히 힘들었다. 담배를 피우는 사람들은 더 힘들어하는 것 같았다. 아이들의 삼촌 하나는 이른바 골초였는데, 이따금 자제심을 잃고서 욕설을 내뱉고 단식이 어리석은 짓이라며 악담을 퍼부었다. 이에 대해 사람들은, 감히 어떻게 라마단 때 그런 말을 하는 거냐, 차라리 밥 먹고 입 닥치고 있는 게 낫겠다, 라며 쏘아붙이곤 했다.

라마단이 끝나면 이드 알피뜨르'Id al-Fitr라는 사흘간의 축제를 맞았다. 이 기간 동안 학교가 방학에 들어가기 때문에, 아이들은 축제를 준비하기 위해 부모를 따라 시장에 가서 각기 새 옷과 신발을 고를 수 있는 기회가 있다. 집에 찾아온 어른들은 아이들에게 돈을 선물로 주었고, 아이들은 누가 제일 많이 받게 될지 경쟁을 벌이기도 했다. 일등은 매번 안와르가 차지했다. 나이 순서대로 선물을 받기 때문이었다. 안와르 다음은 나빌이고, 여동생들이 제일 적게 받았다. 나빌은 한 번도 형처럼 받지 못하게 되자 속이 상했다. 안와르만큼 돈이 필요했던 그는 나이 순서대로 받는 것이 너무도 불공평하다고 느꼈다. 어쨌든 이렇게 모은 돈은 대체로 꽤 오래 갔고, 학교 매점에서 초콜릿이나 사탕을 사는 데 주로 썼다.

페루즈는 축제가 시작되기 한참 전부터 부엌에서 바쁘게 보냈다. 많은 양의 음식과 별미인 마으몰 과자를 만들어야 했는데, 이 과자는 무려 300~400개를 구워 냈다! 오는 손님마다 돌아가기 전에 뭐든 대접을 해야 했다. 이 축제 기간에도 사람들은 으레 친척을 방문했고, 아이들은 부모를 따라 착실하게 할아버지, 할머니, 삼촌, 숙모 들을 찾아뵈었다. 개학하면 아이들이 축제 때의 이야기를 주고받으며 서로의 수입을 비교하느라 학교가 떠들썩했다. 이 축제에서 또 하나 중요한 것은 자카트 알피뜨르, 즉 가난한 사람들에게 자선을 베푸는 일이었다. 하십은 식구들 각자에 대해 일정한 금액을 떼서 형편이 어려운 가정들에게 나누어 주었다. 우선 그는 페루즈와 함께 앉아서 도움이 가장 많이 필요한 가정들의 명단을 만들었다. 그 돈이 축제 첫날이 되기 전에 이 가정들에게 전해질 수 있게 하기 위해서였다.

이드 알아드하, 즉 해마다 메카를 순례*하는 시기의 종료를 기리는 나흘간의 축제 역시 아이들이 학수고대하는 중요한 잔치였다. 이때도 아이들은 학교에 가지 않았고, 어른들은 다시 한 번 새 옷을 사 주고 돈을 선물했다. 해마다 크리스마스를 두 번씩 갖는 것이나 마찬가지였다. 이 축제 때 하십은 삼촌에게 양을 한 마리 사오도록 부탁했다. 그러면 도축자가 와서 주변의 모든 사람들을 위해 이슬람 의식에 따라 희생양을 잡았다. 하십이 꾸란의 몇 구절을 읽고 나면, 도축자는 '하나님의 이름으로 *Bism 'illah*'라고 말하며 양의 목을 따서 피가 몸에서 다 빠져나와 거리로 흘러가도록 해 놓았다. 여자들과 아이들은 발코니에서 이

---

* 메카 순례 *Haj, Hajj*: 이슬람력 12월에 한다. 모든 성인 무슬림은 특별한 사정이 없는 한, 적어도 일생에 한 번은 '하지'를 하게 되어 있다.

광경을 지켜보다가, 나중에 내려와서 거리를 깨끗하게 씻어 냈다. 이윽고 도축자는 양의 가죽을 벗기고 하십의 가족을 위해 고기를 토막 내었다. 이 중에서 페루즈는 제일 좋은 부위의 10퍼센트를 가족 식사용으로 구분해 놓고, 나머지는 부근에 사는 가난한 여러 가정들에게 주기 위해 따로 깔끔하게 포장해 두었다. 이것을 나누어 주는 일은 안와르와 나빌의 몫이었다.

무슬림들이 이슬람의 모든 제의를 지키고 빈자 구제 같은 선행을 하는 것에는 중요한 의미가 담겨 있다. 그들은 이렇게 하면 무서운 심판의 날이 이르렀을 때 천국에 들어갈 수 있는 가능성이 매우 높아진다고 믿는다. 그날은 각 사람의 선한 행동과 악한 행동을 천칭에 달아 견주어 보는 때이며, 이를 위하여 행동 하나하나마다 다 기록으로 남는다고 한다. 이생에서 아직 기회가 있는 동안 선행을 더 쌓고 최대한 공을 많이 닦아 놓는 것은 결코 손해 볼 일이 아닐 것이다.

예언자 무함마드의 생일인 마울라드 알나바위에도 성대한 기념행사가 벌어졌다. 모스크마다 길거리에 의자를 배열하고, 특별한 등불을 줄에 매달고 무함마드를 칭송하는 글귀가 적힌 녹색 깃발을 내걸었다. 라디오와 텔레비전 방송에서는 대통령이 참석하는 다마스쿠스 우마야드 모스크의 예배 실황을 중계했다. 오후가 되면 사람들은 저마다 가까운 모스크에 가서 노래하고 기도하는 특별한 예배를 드렸다. 그리고 모스크는 예배 참석자들에게 셀로판지로 포장된 조그만 사탕 주머니를 나누어 주었다.

종교적 축제는 가정과 모스크에서 열렸고, 학교에서는 국경일 행사가 열렸다. 특히 7월 17일 독립기념일과 3월 8일 혁명기념일이 큰 행사였다. 교실을 꾸미고, 국가와 지도자들을 칭송하는 발표회를 갖고 시를 낭송했다. 그러나 나빌은 무엇보다도 수업도 없고 과외 공부나 숙제도 없는 것이 즐거웠다!

## 4. 이슬람과 함께 성장하다

하십은 모스크에서 제공하는 몇몇 이슬람 교육 과정을 밟기는 했지만, 처남인 무함마드가 그랬던 만큼 이슬람 신학에 복잡하게 얽혀 드는 것은 자기 길이 아니라고 느꼈다. 무함마드는 무슬림 형제단*에서 활동한 것 때문에 급기야 정부 당국과 마찰을 빚었다. 누르 알딘 앗타씨 대통령 시절에 시리아 정부는 무슬림 형제단 단속에 들어갔고, 곧이어 무함마드를 체포하려고 나섰다. 하십은 그를 며칠 동안 집에 숨겨 두었다가 사우디아라비아로 빠져나가도록 손을 써 주었다. 결국 무함마드는 사우디 교육부에서 일자리를 얻고 메디나에 정착하게 되었다.

안와르와 나빌은 방과 후 다마스쿠스의 구 시가지에 있는 자이드 모

---

• 무슬림 형제단: 1928년 이집트에서 창설되어 중동 최대의 정치 운동 세력으로 발전한 이슬람 근본주의 단체. '서구 열강으로부터 해방 및 이슬람 원칙으로 회귀'라는 목표를 추구하고 있다.

스크에 가서 이슬람 교육을 받았다. 이 모스크는 이슬람 센터로서의 역할을 하고 있었는데, 집회 시설을 제공할 뿐만 아니라 연령별로 다양한 교육 과정을 열었다. 여름 방학 내내 두 소년은 이 과정들을 들어야 했다. 전혀 마음이 내키지 않았지만, 그렇다고 감히 아버지의 뜻을 거역할 수는 없는 노릇이었다. 기껏 해 본 것이 다른 아이들과 가끔 한두 시간씩 빠져나와 근처 길거리에서 노는 정도였다. 그러면 선생님이 이 사실을 아버지에게 통보했고, 아이들은 철없는 짓을 했다고 꾸중을 듣거나 귀를 잡아당기는 벌을 받았다.

날마다 안와르와 나빌은 자이드 모스크를 향해 터벅터벅 걸어갔다. 거기서 그들은 오후 4시부터 8시까지 꾸란 구절들을 암기하고 하디스와 순나와 피크흐\*를 공부했다. 안와르는 나빌에 비해 이런 공부를 훨씬 더 좋아하는 것 같았고, 신앙적 열정과 지식이 뛰어나 남들의 부러움을 샀다. 나빌은 이 모든 과정을 퍽 지루하게 느끼면서도 자신에게 주어진 바를 잘해 냈다. 특히 꾸란을 암기하는 데 열심을 기울였다. 한 페이지씩 암기할 때마다 하십이 시리아 돈으로 35센트를 주었기 때문이다! 그 덕분에 나빌은 꾸란을 적어도 75퍼센트나 암기하게 되었다.

하십은 두 아들이 최고의 학교에만 다니게 하려고 다마스쿠스에 있는 학교들을 면밀히 살펴보았다. 이것은 안와르와 나빌이 여러 차례

---

• 순나 Sunnah는 무함마드의 삶에 나타난 모범적인 행동양식을 말하며, 무함마드의 언행록인 하디스 등에 그 내용이 기록되어 있다. 피크흐 Fiqh는 이슬람 법학을 가리킨다.

전학을 가야 했다는 것과, 하십이 아이들의 전학에 필요한 허가를 얻기 위해 자신의 관직과 인맥을 동원했음을 의미한다. 물론 이런 전학은 일반 시민에게는 어림도 없는 것이었다.

  나빌은 운동을 즐겼다. 농구, 축구, 배구를 곧잘 했다. 아랍어와 수학 공부도 좋아했다. 그러나 모범생으로 알려진 형은 도저히 따라잡을 수 없었다. 안와르는 부지런하고 신심이 깊었다. 나빌은 형을 사랑했지만 형이 좀 까다롭다는 것을 알았다. 그래서 개인적인 생각을 형과 나누지 못하고, 오히려 자신을 이해해 주고 자기 관심사를 나눌 학교 친구들을 만들어야 했다. 한편 하십은 안와르와 나빌을 가까운 도서관에 등록시켰고, 두 아들은 읽은 내용에 관하여 정기적으로 아버지에게 보고해야 했다.

  마다니 집안에서는 안와르와 나빌이 학교 수업이 끝나면 다른 아이들처럼 학교나 길거리에서 놀게 놔 두지 않았다. 명시적인 허락 없이는 두 아들이 친구들과 거리를 돌아다니거나 친구네 집에 찾아가는 것조차 금했다. 하십은 자기 자식의 친구들이 어떤 아이들인지 알고 싶어 했고, 자식들이 가장 좋은 친구들, 그러니까 훌륭하고 부유한 순니파 집안의 아이들하고만 사귀도록 울타리를 쳤다. 두 아들은 부모가 동행할 때만 외출할 수 있었다.

M

  안와르와 나빌은 기독교인들을 방문하거나 집으로 초대할 수 없었다. 기독교인들은 돼지고기를 먹고 술을 마시며 세 하나님*을 섬기는 부정한 사람들로 간주되었다. 특히 세 하나님을 섬기는 행위는 사람을 하나님으로 격상시켜 전능자에게 배우자가 있다고 주장함으로써 다신 숭배라는 최악의 죄를 범하는 것이었다. 기독교인들은 술집, 나이트클럽, 디스코텍 등 다마스쿠스의 그늘진 밤 문화 시설을 운영하는 사람들로도 생각되었다. 그런 장소는 점잖은 무슬림은 절대 출입하지 않는 곳이었다.

하십의 운전기사는 조셉이라는 이름의 기독교인으로, 정부에서 배정해 준 사람이었다. 하십과 조셉은 업무상 관계만 유지했을 뿐 사적인 접촉은 하지 않았다. 조셉은 누가 보더라도 부도덕한 기독교인의 전형처럼 생활했다. 그의 관심은 어디 가면 술을 제일 싸게 살 수 있고 오늘 밤에는 어느 카바레에 갈 것인지에 온통 쏠려 있었다. 그의 아내는 남편의 친구와 단둘이 외출하기까지 했다. 경건한 무슬림 여자라면 생각조차 할 수 없는 행동이었다.

중학교에 들어간 나빌은 레이몬드라는 기독교인 소년과 아주 가까운 친구가 되었다. 어느 날 나빌은 레이몬드를 집으로 초대했고, 뒤늦게 페루즈의 허락을 구했다.

"그 애 이름이 뭐지?"

---

* 이슬람에서는 기독교가 세 하나님이 있다고 가르치며, 동정녀 마리아를 성부, 성자(예수)와 더불어 삼위일체의 한 분으로 섬긴다고 곡해하고 있다.

"레이몬드예요."

"그럼 기독교인이네!"

페루즈가 단정적으로 말했다(이름에 표가 나 있었다).

"난 그 애를 우리 집에 들일 수 없어."

"왜요?"

나빌이 자꾸만 고집을 피웠다. 페루즈의 유일한 대답은 나빌의 뺨을 후려치는 것이었다. 감히 부모의 권위에 이의를 제기했기 때문이다. 이후 며칠간 나빌은 레이몬드가 자기 집에 오는 것이 왜 적절하지 않은지에 대하여 갖가지 이유를 꾸며 내야 했다. 그러다가 초대 건은 흐지부지 되고 말았다.

◾

이렇듯 안와르와 나빌은 종교와 가족 관계라는 안전장치가 매우 잘 갖춰진 환경에서 자라게 되었다. 나빌은 이처럼 지독히 엄격한 환경에 분개했다. 때로 그는 자유를 많이 누리는 또래들 앞에서 수치스러움을 느꼈다. 하지만 이에 대해 그가 해 볼 수 있는 것이 없었다. 게다가 나빌은 안와르를 향한 질투심으로 힘들어했다. 집안에서 가장 총애를 받고 모범적인 아들인 안와르는 장자의 자격으로 가구나 옷이며 자전거나 그 무엇이든 언제나 제일 좋은 것을 차지했다. 안와르가 새 물건을 받은 반면 나빌은 형이 쓰다가 물려준 것으로 만족해야 했다. 2인자로 있다는 것이 얼마나 불공평한지!

하십은 이슬람 근본주의자가 되지 않았더라면 매우 빠른 속도로 출세할 사람이었다. 정국의 주도권을 바트당*이 쥐고 있었고, 대부분의 관료는 자신들의 출세를 앞당기기 위해 이 당에 가입했다. 하십도 입당을 권유받았으나 거절했다. 바트당의 발전 정책과 이스라엘에 대한 적대적인 자세는 좋았지만, 그들의 반종교적인 사상에 동조할 수 없었다. 이 때문에 그는 자신이 오랜 세월 한 자리에 머물러 있는 동안 몇몇 친구들이 장관 지위까지 오르는 것을 곁에서 지켜보고 있어야 했다. 맥 빠지는 일이기는 했지만, 자신이 원칙적인 성향의 사람인지라 타협하려 들지 않았다. 순니파 사람으로서 하십은 알라위파 사람들이 영향력 있는 주요 관직에 오를 뿐만 아니라 특히 하피즈 알아싸드가 대통령이 되는 것을 보며 부아가 치밀었다.

그가 생각하기에 시리아 영토에 소규모로 쪼개진 공동체가 너무 많은 것은 국가적인 불행이었다. 순니파는 인구의 60퍼센트 이상을 차지하며 항상 지배 계층으로 군림해 왔다. 그러나 시리아는 각기 특유의 공동생활을 영위하는 수많은 소수 민족 및 종교 집단들의 혼합 국가였다. 사람의 인생은 그가 태어난 공동체에 의해 정해졌다. 다른 집단의 사람과 결혼을 하거나 신원을 바꿀 수 있는 여지가 없었다. 누구든지 자신이 속한 공동체에 충성을 바치는 것이 최우선적인 덕목이었다. 범

---

* 바트 *Ba'ath*는 아랍어로 '부흥'을 뜻하는 말이다. 아랍 사회주의, 아랍 민족주의, 범아랍주의, 세속주의를 정치적 주장으로 내세우며, 이슬람 원리주의와는 대립 관계이다.

시리아 민족주의라는 개념은 근대에 생겨난 것으로, 사람들이 각자의 공동체에 충성하는 뿌리 깊은 전통을 해치지 않는 범위에서만 수용될 뿐이었다.

알라위파, 드루즈파, 이스마일파는 모두 고대 시아파 이슬람교에서 갈려 나왔다(시아파는 알리*와 그의 후손들을 거의 신적인 존재로 추앙하는데, 이러한 믿음은 순니파로서는 혐오 대상이다). 세 소수 집단 중 알라위파는 가장 큰 집단으로, 시리아 인구의 13퍼센트에 이른다. 이들은 시리아의 북서부 지역인 제벨 알안사리야에 주로 거주하며, 여러 세기 동안 순니파로부터 이단 정죄와 함께 혹독한 박해를 받아 왔다. 그러나 지금은 이들에게 복수의 기회가 주어져 있다.**

알라위파의 남쪽에는 이보다 훨씬 작은 공동체인 이스마일파가 살고 있다. 이스마일파의 조상들은 한때 무슬림 세계 전체를 거의 지배한 적이 있다. 이들은 십자군 전쟁 시대에 '산악의 장로'가 이끄는 암살단으로 악명이 높았는데, 무슬림이든 기독교인이든 중동의 모든 통치자들은 이들이 휘두르는 단검을 두려워하며 살았다.

쿠르드족은 시리아 인구의 10퍼센트를 차지하며, 주로 북동부에 살고 있다. 이들은 순니파지만 아랍인이 아니며, 고유 언어인 쿠르드어를 사용하고 자신들만의 오래된 부족 문화가 있다. 또 이들은 자치 독립을

---

* 알리 '*Ali*: 무함마드의 사위이자 제4대 칼리프. 그를 추종하는 이들이 시아파다.
** 알라위파의 하피즈 알아싸드 장군이 1970년 쿠데타를 일으켜 대통령이 되고 철권통치를 펼친 것을 뜻한다.

추구하고 있기 때문에 언제나 보안군의 철저한 감시를 받고 있다.

이 외에 터키계 언어를 사용하는 부족인 투르크멘족이 있는데, 이들은 중앙아시아로부터 침입해 와서 아나톨리아*를 휩쓸고 동로마제국의 기독교인들을 정복했던 사람들이다.

시리아의 기독교인 공동체는 인구의 10퍼센트에 이르는데, 대부분은 역사의 기억만큼 오래된 옛날부터 시리아에 거주하던 사람들의 후예다. 이들은 로마제국 시대에 기독교인이 되었으며, 동로마제국 시대에 와서는 교회 분열을 겪었다. 아람어(시리아 문자 사용)를 사용하는 야곱Jacobite 교회와 네스토리우스Nestorian 교회는 공식 국교인 그리스 정교로부터 박해를 받고 있던 중, 무슬림 정복자들을 해방자로 맞아들였다. 이들은 대대로 내려온 종교 제의를 간직하고 있으며 예배 언어로 아람어를 사용한다. 누구든지 시리아 중앙정부를 맡는다면 이렇게 뒤얽힌 민족과 종교 집단들을 다스리기 위해 매우 정교하고 균형 잡힌 정책을 구사해야 한다.

⋈

나빌은 고등학교 시절을 활기차게 보냈다. 이제 그는 부모로부터 좀 더 독자적인 삶을 허락받았고, 이전보다 더 많은 시간을 학교 친구들과 보내며, 방과 후에도 같이 공부하고 시험 준비를 하고 과제물을 작

---

* 아나톨리아Anatolia: 옛날의 소아시아, 지금의 터키 지역.

성할 수 있었다. 나빌은 난생처음 외부 세계와 접촉했으며, 자신과 다른 세계관 및 사고방식을 경험하게 되었다.

자식들에게 최고의 기회를 마련해 주려는 아버지의 열성으로 나빌은 다마스쿠스에서 고등학교를 세 군데나 옮겨 다녔다. 마지막으로 다닌 곳은 시리아 국민 영웅의 이름을 따서 지은 자우닷 알하셰미 고등학교라는 유명한 학교로, 프랑스 위임 통치 기간에 의회가 사용하던 웅장한 건물에 자리 잡고 있다. 이 학교는 정부 고관, 외교관, 장교 및 굴지의 기업가 등 다마스쿠스 최고 가문들의 자제들을 위한 교육기관이다. 학생들은 번쩍이는 벤츠 리무진이나 날렵한 포르셰를 타고 등교했다. 이 승용차들은 화려한 신분의 상징이었다. 나빌은 아버지의 충충한 관용차가 부끄러워, 친구들이 보지 못하도록 학교에서 멀찍이 떨어진 곳에 내려달라고 기사인 조셉에게 부탁하곤 했다.

가끔씩 나빌은 급우들을 따라 수업을 빼먹고 시내로 들어가 쏘다니거나 영화를 보았다. 그러다가 발각되면 학생들은 교장에게 불려갔고, 교장은 아버지를 학교로 오시게 하여 면담을 하겠다고 을렀다. 이것은 판에 박힌 농담이나 마찬가지였다. 대부분 학생들의 아버지들이 매우 힘 있는 자리에 있기 때문에 교사든 교장이든 남의 집 귀한 자제들을 곤란에 빠뜨리기를 꺼려했다.

그렇지만 나빌의 인생은 계속 이슬람의 틀에서 짜여 갔다. 그는 부모가 하나님에 대한 의무라며 지시한 모든 종교 의식을 다 지켜야 했다. 매일 저녁 하십은 나빌에게 정해진 시간마다 기도했는지 확인했다. 기도를 빠뜨렸을 경우, 나빌은 사실대로 털어놓기가 너무 무서웠다. 이따금 하십이 의심쩍은 눈초리로 바라볼 때면 그는 자기가 대답한 것을 증명해야 했고, 이를 위해 자기가 충실하게 의무를 이행했다고 거짓 증언을 해 줄 사람으로 여동생 하나를 제 편으로 만들어 놓았다. 아말은 나빌이 제일 좋아하는 여동생이었고, 그가 곤경에 몰리면 수시로 나서서 변호해 주었다.

이윽고 거짓말은 나빌이 이런 곤란한 상황을 벗어나게 해 주는 편리한 수단이 되고 말았다. 그는 교차 심문에 말려들지 않기 위해 열 가지도 넘는 구실을 준비해 두어야 했다. 그럴수록 그는 종교라는 것이 '불이행에 대한 징벌이 두려워서 이행해야 하는 부담스러운 제의(祭儀) 덩어리'라고 인식하게 되었다. 정직은 아무런 효과가 없었다. 잘못을 범하면 용서가 없고, 벌은 항상 가혹했기 때문이다. 속임수는 곤경을 모면할 수 있는 최상의 길이었다. 이제 속임수는 행복했던 가정생활을 망가뜨리고 있었다.

나빌의 학급에는 기독교인 학생이 몇 있었는데, 그는 그중 에드먼드와 단짝이 되었다. 에드먼드의 아버지가 정부의 고위직에 있기 때문에 하십은 나빌이 그 친구의 집에 가는 것을 막지 못했다. 나빌은 학교가 파한 뒤 가끔씩 에드먼드의 집에 가서 함께 공부했다. 에드먼드의 가족은 나빌에게 함께 식사하고 가라고 권하곤 했고, 나빌은 종종 그렇게 했다. 그는 기독교인들을 경멸하도록 배워 왔는데, 이 친구들을 보니까 부모를 어려워하지 않고 자기들이 믿는 종교에 대해서도 훨씬 편안하게 생각하고 있었다. 이들은 두려움으로 움츠러들지 않았으며, 부모에게 솔직했고 부모는 자식을 신뢰했다. 또한 이들은 어디에 가서 무엇을 했는지 부모에게 사실대로 스스럼없이 이야기했다. 교회도 강요에 의해서가 아니라, 가고 싶어서 가는 것이었다. 나빌은 이 차이가 무엇 때문인지 궁금해졌다.

안와르의 고등학교 생활은 나빌과는 매우 달랐다. 그는 무슬림 학생회에 가입했고, 기도와 꾸란 교육 과정에 정기적으로 참여했다. 두 아들의 차이를 지켜본 하십은 나빌을 종종 나무랐다.

"네 친구들은 하나같이 못된 애들이야. 너한테 나쁜 물을 들이고 있어. 그 애들과 거리를 두어라. 그리고 네 형처럼 되려고 노력해 봐. 안와르는 좋은 애들하고만 어울리잖니. 네 형이 착실하게 신앙생활 잘하는 것, 내 눈으로 안 봐도 확실하다. 나는 안와르한테 어디 가서 뭘 했는지 물어볼 필요도 없어. 네 형은 틀림이 없잖아."

이 말에 나빌은 열등감과 거절감을 느끼게 되었다.

'어째서 형은 나보다 훨씬 잘난 거야? 왜 형은 항상 모범생이고, 나는 집안의 골칫거리 취급을 받아야 돼? 이건 공평하지 않아!'

이런 어려움이 있긴 했어도 나빌은 좋은 성적으로 졸업했다. 물론 하십이 만족할 만한 수준은 아니었다! 이미 안와르는 동기 중에서 수석으로 졸업했고, 다마스쿠스 대학교에 진학하여 토목공학을 전공하고 있었다. 하십은 나빌도 그렇게 되기를 바랐다. 당시 공학은 시리아의 대학교들 사이에 가장 인기 있는 교과목이었다. 공학과에서는 고등학교를 최우등으로 마친 학생들만 받아들였다. 공학 전공자들은 정부가 필요로 하는 사람들이었다. 이들은 최고의 급여를 받았고 사회적으로도 인정받았다. 나빌의 성적은 공학과에 들어가기에는 충분하지 않았다. 그래서 이 문제를 논의하기 위해 전통에 따라 가족회의가 소집되었다.

나빌은 몇몇 친구들이 계획하는 것처럼 자기도 미국이나 영국으로 가서 공부하고 싶다는 말을 꺼냈다. 그러나 하십과 페루즈가 단호히 반대했다. 타락한 서구 사회가 아들에게 나쁜 영향을 미칠 텐데, 그에 대해 부모가 통제하기 어렵다는 것 때문이었다. 결국 나빌을 다마스쿠스 대학교의 회계학과에 등록시키기로 결론이 났다. 남자들의 의무인 군 복무는 각기 대학 공부를 마칠 때까지 연기해 놓았고, 덕분에 안와르와 나빌은 자유로운 학창 생활을 즐길 수 있게 되었다.

ᛗ

대학교에서도 안와르는 뛰어난 활약을 보였다. 최고의 성적을 올렸고 상도 여러 번 받았다. 무슬림 학생 동아리에도 열성적으로 참여했고, 아버지 모르게 과격파인 무슬림 형제단의 회원으로 가입했다. 반면에 나빌은 상대적으로 '평범한' 친구들과 어울렸다. 이들은 파티나 무도회, 디스코, 야유회 등에 재미를 붙였다. 공부가 전부일 수는 없으며, 인생은 즐기는 것으로 생각했다. 학창 시절보다 인생을 더 즐길 수 있을 때가 언제겠는가?

하십 부부는 작은아들이 못내 걱정스러웠다. 신앙에 진지한 자세를 보이지 않는 나빌에 대해 어떤 식으로든 대책을 강구해야 했다. 그들은 나빌에게 지옥불에 떨어질 수 있다고 경고하며 규칙적으로 꾸란을 공부하고 기도하라고 타일렀다. 그리고 태만으로든 고의로든 죄를 범하면 용서받을 수 없다고 일깨워 주었다. 지옥불을 피하는 유일한 방법은 천칭이 자기에게 유리하게 기울어질 만큼 선한 행동을 충분히 많이 하여 부족함을 메우는 것이다. 천사 둘이 각기 나빌의 악행과 선행을 낱낱이 기록하느라 분주한데, 그 결과는 최후의 심판의 날이 되어야만 알 수 있다. 그러므로 나빌은 지금부터라도 최선을 다하는 게 바람직하며, 그렇지 않으면 너무 늦을지도 모른다! 하십 부부는 올바른 친구를 선택하는 모범적인 사례로 안와르를 들었고, 그런 그를 현명하다고 생각했다. 그들은 나빌이 신심 깊은 아이였고 꾸란의 거의 대부분을 암기하기도 했다는 사실을 상기시켜 주었다. 그리고 무엇 때문에 나빌이 변한 것인지, 그냥 자신들이 하는 대로 따라 하고 만족하며 살 수는 없을까 고민했다.

    마침내 나빌의 대학 생활 첫해가 거의 끝나 가자, 하십의 가족은 그에게 어떻게 해야 할지 의논하기 위해 다시 한 번 가족회의를 열었다. 하십 부부, 안와르, 그리고 사우디아라비아에서 날아온 엄한 삼촌이 한자리에 모여 앉아 해결책을 모색했다. 막바지에 이르러 열광적인 신자인 무함마드 삼촌이 묘안을 제시했다. 나빌에게 메카 성지 순례를 시키자는 것이었다. 이것은 그 어떤 종교적 의무나 경험보다도 차원 높은 행위로서, 세속의 즐거움에 빠져 버린 나빌의 영혼을 확실히 정화해 줄 것 같았다. 신이 메카에서 나빌의 마음을 움직여 안와르나 무함마드를 닮도록 변화시켜 주실 것이다. 무슬림 신앙에 따르면, 메카 순례에 참여한 사람은 갱생한 사람이 되며, 모든 죄가 씻긴다고 한다. 나빌 가족의 목표는 나빌이 더 이상 청바지를 입지 않고 수염을 기르기 시작하며, 모든 전통과 계명을 지키는 완벽한 무슬림이 되는 것이었다. 그들은 이런 바람이 이루어지게 하기 위해 그 무엇도 아끼지 않을 심산이었다.

나빌은 삼촌의 제안에 완강히 저항했다. 메카 순례는 나이 든 사람한테나 좋은 것일 텐데, 자기는 이제 겨우 열아홉 살 아닌가! 그가 알기로 메카 순례는 사람이 평생 지은 죄를 없애 준다고 했다. 그렇다면 자기가 나이 오십이 될 때쯤, 그러니까 상당한 분량의 죄가 쌓일 때까지 기다렸다가 메카에 가면 순례의 값어치가 올라가고 일거에 모든 죄가 사함받을 수 있을 것 아닌가! 지금 순례를 떠나면 친구들이 조롱할 것 같았다. 사실 나빌은 괜찮은 무슬림이었다. '유일신과 그의 예언자'를 믿었다. 꽤 규칙적으로 기도하고, 가난한 사람들을 위해 자선을 베풀었으며 라마단에 단식을 했다. 이런 나빌에게 그들은 무엇을 더 바란단 말인가?

하지만 식구들은 나빌의 항변을 무시하고 계획을 실행에 옮겼다. 갖가지 준비를 마치고 차표도 끊었다. 이제 그에게 다른 방도가 없었다. 대학교 친구들이 비웃고 장난을 쳤다. 애송이 순례자! 너무도 창피했지만, 피할 도리가 없었다. 1976년 어느 화창한 가을날, 가족은 나빌에게 돈과 서류를 쥐어서 순례자 집결지로 태우고 갔다. 그리고 그를 거룩한 도시 메카로 데리고 갈 버스에 올려 보냈다.

## 5. 메카 순례

나빌은 메카 성지 순례를 가는 시리아인들을 위해 특별히 마련된 여섯 대의 수송 버스 중 하나에 실려 다마스쿠스를 떠났다. 이 버스들은 육로로 요르단의 암만과 마안을 지나는 고대의 길을 거쳐 사우디아라비아의 타북과 메디나를 통과하여 메카에 도착했다.

수송 버스에는 여러 가지가 잘 갖춰져 있었다. 버스마다 물탱크가 있고, 문제가 생기면 이를 처리할 관리자가 배정되어 있었다. 여기에 짐 운반용 트럭이 따라붙었고, 의사와 간호사로 구성된 의료 지원단과 구급차가 함께했다.

다마스쿠스는 시리아 전역과 이라크, 이란, 심지어 그보다 더 동쪽에서 메카 순례를 하러 이동하는 무슬림들의 집결지였다. 이렇게 다마스쿠스에 모였다가 출발하는 순례객을 조직하는 일은 전통적으로 다마스쿠스 통치자의 책무였다. 1,300년이 넘는 세월 동안, 낙타를 이끈 순례객이 해마다 성지 순례를 위해 시리아에서 메카로 여행을 했다. 이제는 지구상의 거의 모든 국가로부터 수백만 명의 순례자들이 전 세계 이슬람 공동체(움마)의 일체감을 확인하고 신앙의 다섯 번째 '기둥'을 이행하기 위해 매년 거룩한 도시 메카로 일제히 몰려든다.

수송 버스는 나흘 동안 광활하고 단조로운 광야를 달렸다. 마침내 메카에 이르자, 순례자들은 흥분을 가누지 못했다. 이곳은 '복된 곳'이요 '도시들의 어머니'이며 무슬림 세계의 중심이었다. 여기 와 보는 것은 가슴 벅찬 경험이며, 이 특권을 위해 어떤 예배자들은 평생에 걸쳐 돈을 마련하기도 한다.

나빌 일행은 '신성한 모스크'*에서 가까운 건물에 세를 낸 아파트를 배정받았다. 거기서 그들은 심신을 추스른 뒤, 순례자들의 복장인 특별한 흰옷(이흐람)으로 갈아입었다. 그러고는 첫 의무를 행하기 위해 인도자를 따라 모스크로 갔다. 이 의무는 카아바 $Ka'aba$ 신전을 일곱 번 도는 것이었다. 카아바 신전은 신성한 모스크의 중앙에 있으며, 이슬람 최고의 성소이자 무슬림들의 신앙의 핵심을 표상하는 곳이다.

나빌은 필수 복장인 이흐람으로 갈아입지 않고 청바지와 티셔츠 차

---

• 신성한 모스크: 메카에 있는 세계 최대의 모스크인 마스지드 알하람 $Masjid\ al\text{-}Haram$을 가리킨다.

림으로 나갔다. 다마스쿠스에서 하십이 나빌에게 메카에 도착하자마자 규정된 옷을 사라고 했지만, 나빌은 아버지의 충고를 무시해 버렸다. 나중에 살 수 있겠거니 하고 생각한 것이다. 반항심의 발로이기도 했고, 남과 다르게 보이고 싶기도 했고, '그게 그렇게 중요한가?'라고 말하고도 싶은 치기 어린 행동이었다. 일행은 그를 못마땅해했다. 아니, 기가 막혀 했다! 카아바 신전을 처음 보았을 때, 나빌은 동작을 멈추고 기도했다. 이 신전을 처음 볼 때 소원을 빌면 하나님이 반드시 응답해 준다고 어머니가 힘주어 한 말이 떠올랐기 때문이다. 그가 한 기도 내용은 지극히 개인적이고 이기적인 것이었다. 나빌은 자기가 타고 있던 버스가 메카의 도심으로 접근할 때, 감히 차창을 내다볼 엄두를 내지 못했다. 신성한 모스크를 엉겹결에 보게 되면 특별한 소원을 빌 기회를 놓치지 않을까 겁이 났기 때문이다!

　이 모스크는 30만 명을 수용할 수 있는 규모였다. 나빌이 모스크에 들어가려고 하자, 출입문을 지키고 있던 특수 경비원 하나가 그를 발견하고 곤봉으로 머리를 때렸다. 밖으로 나가서 규칙대로 이흐람을 차려 입고 다시 오라는 명령이 떨어졌다. 그러나 나빌은 그 말에 따르지 않고 다른 문을 통해 슬그머니 모스크 안으로 들어갔다. 물밀듯이 지나가는 군중 때문에 경비원들이 그를 발견하지 못한 것이다. 이때쯤 나빌은 일행을 잃어버리고 말았다. 드넓은 중앙 광장에 있는 카아바 신전 주위에 수많은 사람이 운집해 있는데, 그 속에서 일행을 찾아다니는 것은 소용이 없을 것 같았다. 이제 나빌이 할 일은 혼자서라도 의식을 진행하는 것이었다. 나중에 모스크 밖의 집결지로 가서 일행과 다시 합류하면 될 테니까. 이슬람의 최고 성소에 들어선 나빌은 기분이 들떴다. 하나님의 집! 이슬람의 가르침에 따르면, 이곳은 아브라함이 하나님을 위해 집을 지으라는 명령을 받았다는 장소다. 정말로 나빌은 거룩하고 전능한 하나님의 바로 앞에 서 있다는 느낌을 받았다.

그는 시계 반대 방향으로 천천히 돌고 있는 예배자들의 물결을 따라 거룩한 카아바 신전을 일곱 번 돌았다. 그들은 꾸란 구절들을 암송하면서, 이 의식을 위해 특별히 작성한 기도인 하나님에 대한 복종의 기도문을 큰 소리로 외웠다.

"랍바이카 알라홈마 랍바이카. 랍바이카 라 샤리카 라크. 랍바이카 인날함다 왈니으마타 라크 왈물크"(주를 섬기나이다, 하나님이여. 주를 섬기나이다. 주께는 배우자가 없으며, 찬양과 은총과 나라가 주께 속하였나이다).

나빌은 온통 감격에 빠져들었다. 순례자마다 신전에 최대한 가까이 가려고 애를 썼다. 만져 보기도 하고 입도 맞추기 위해서였다. 이렇게 하면 특별한 공을 쌓고 죄를 용서받게 되기 때문이다. 무슬림들은 카아바 신전 안에 있는 검은 돌에 입을 맞추면 천사가 그들을 지옥불에 던져 넣으려 할지라도 결코 그 불에 몸이 닿지 않을 거라고 믿는다! 하지만 신전 가장 가까운 쪽에서 돌고 있는 순례자들의 원을 향해 무리하게 비집고 들어가는 것은 어렵기도 하고 위험하기도 했다. 겹겹이 둘러싼 군중에 떠밀려 사람들이 마구 밀어닥치고, 그 바람에 해마다 여러 명이 밟혀 죽는 사고가 일어난다. 가운데로 가까이 갈수록 사람들은 서로 심하게 밀고 밀린다.

아프리카에서 온 어떤 순례자들은 신전에 손을 댈 수 있을 만큼 바짝 다가가기 위해 효과가 뛰어난 방법을 고안해 냈다. 먼저 건장한 남자들이 모여서 원을 만들고 그 안에다 여자와 아이들을 두었다. 그리고 바깥에 선 남자들은 서로 손을 붙잡은 채 기도의 음률에 맞춰 팔을 위아래로 거세게 흔들면서 신전을 향해 나아갔다. 누구든지 이렇게 움직이는 팔 울타리를 뚫고 지나가려 하다가는 불행을 당하기 십상이다. 혹시라도 쓰러지게 되면 다시 일어설 가망이 거의 없기 때문이다.

어떤 순례자들은 자기가 쓸 관을 가져오기도 했다. 이들은 사람을 사서 거룩한 우물인 젬젬Zemzem의 물로 관을 씻게 한 다음 잠시라도 카아바 신전의 벽에 갖다 대 달라고 부탁했다. 그리고 집으로 돌아가서는 자기가 죽으면 꼭 그 관에 넣어서 장례를 지내 달라고 가족에게 당부한다. 지옥불에 닿지 않고 영원히 보호받기 위해서다.

나빌의 일행이 신전으로 가기 전에 인도자가 충고해 준 것이 있었다.

"사람들 사이에 소매치기가 항상 돌아다니고 있기 때문에 현금이나 귀중품을 갖고 가시면 안 됩니다. 그리고 사람이 넘어지는 것을 보시더라도 도와주려고 몸을 굽히거나 무릎을 꿇지 마십시오. 그러다가 세상을 하직하는 수가 있습니다! 그냥 계속 움직이시기 바랍니다. 쓰러진 사람을 구해 주는 것은 경비원들의 임무입니다."

나빌은 갖은 노력 끝에 카아바 신전의 벽에 다다랐다. 그리고 촘촘하게 수 놓은 비단 덮개인 키스와Kiswa에 손을 대었다(이 덮개는 이집트의 순례자들이 매년 새로 가져오는 것으로 교체된다). 하지만 나빌은 아담이 가져다 놓았다고들 하는 검은 돌까지는 다가갈 수 없었다. 어쨌든 그는 신전을 일곱 번 도는 일을 해냈고, 그런 자신이 퍽 대견스러웠다. 그러고 나서 나빌은 근처에 눈에 잘 띄게 표시되어 있는 장소로 갔다. 그곳은 아브라함이 기도했다고 알려진 곳이다. 나빌도 같은 장소에서 기도했다. 거기서 하는 기도 역시 순례자들이 심판 날을 대비하여 공을 쌓는 행위다. 기도를 마친 나빌은 거룩한 젬젬 우물 곁에 멈추어 성스러운 물을 마시고 또 기도했다. 그리고 사파와 마르와라는 곳으로 걸음을 옮겼다. 이 두 곳은 아브라함이 하갈과 이스마엘을 광야에 남겨 놓고 떠난 후, 하갈이 물을 찾아 일곱 번이나 뛰어 오르내렸다고 하는 두 언덕의 위치를 표시한 지점이다. 두 언덕 사이의 거리는 약 800미터인데, 나빌은 규정에 따라 이 거리를 걷거나 뛰면서 일곱 번 왕복했다. 이 거룩한 장소들은 모두 신성한 모스크 경내에 있다. 경내는 대리석과 돌로 포장된 광활한 구역으로, 냉방 시설도 갖추고 있으며, 현대의 기준에서 보더라도 대단한 건축물이다. 이렇게 나빌은 첫 날의 의무를 모두 마치고 숙소로 돌아왔다.

  일행은 메카에서 이틀을 더 머물렀다. 날씨가 무척이나 더웠다. 물맛이 입에 맞지 않는 나빌은 자꾸만 펩시나 코카 콜라를 찾았다. 몇몇 가정이 아랍인의 진정한 환대 정신을 발휘하여 나빌을 초대해서 식사를 대접했다. 이 가정들은 매일 다섯 번씩 신성한 모스크에 가서 순례자들과 기도 의식을 갖추었다.

메카에 도착한 지 나흘째 되는 날, 나빌 일행은 버스를 타고 메카에서 수 킬로미터 떨어진 미나에 갔다. 미나는 모든 순례자들이 본격적인 성지 순례 의식을 준비하기 위해 이틀간 야영을 하는 곳이다. 이틀간 다들 꾸란을 암송하고 기도하며 설교를 들었다. 텐트가 들어선 넓은 야영장은 국가와 단체별로 구역이 나뉘어 있었다. 각 구역의 한가운데에는 높은 장대가 서 있고 그 위에 각 나라의 국기가 휘날리고 있어서 사람들이 자신의 위치를 쉽게 확인할 수 있었다. 나빌 일행은 시리아 구역에 특별히 마련된 곳으로 안내받았다. 거기서 그들은 시리아에서 온 다른 순례자들을 만났다. 다마스쿠스에서 온, 나빌이 사는 동네 모스크의 지도자가 나빌을 보더니 매우 반가워하며 여러 모로 보살펴 주었다(훗날, 1984년 이 지도자는 시리아를 도망쳐 나와 사우디아라비아로 갔다. 무슬림 형제단에 관여되어 있었기 때문이다).

무슬림의 순례의 달인 두 알히자 *Dhu al-Hijjah*의 아홉 번째 날, 미나에서 야영을 하던 나빌은 머리를 일부 밀고 손톱을 깎았다. 그리고는 오른쪽 어깨를 드러낸 깨끗한 이흐람 차림을 하고 5킬로미터쯤 걸어서 어느 특별한 지역에 이르렀다. 전승에 따르면 그곳은 아브라함과 예언자 무함마드가 마귀를 무찔렀다는 곳이다. 여기서 모든 예배자들은 샤이딴(사탄)을 상징하는 한 기둥에 돌을 던지게 되어 있다(이때 다른 순례자들이 우악스럽게 던지는 돌이 날아가는 방향에 서 있지 않도록 각별히 조심해야 한다).

그런 다음 예배자들은 자비의 산인 아라파트 *Arafat* 산으로 이동했다.

두 알히자 달 9일은 성지 순례에서 가장 중요한 날이다. 이날 해야 할 사항들은 꾸란에 필수 항목으로 적혀 있다. 이날 외의 모든 것은 순나에 따른 전통이다. 성지 순례의 전체 기간을 다 참석할 만한 시간을 낼 수 없는 사람들은 그래도 순례의 의무를 행하고자 이날 하루를 위해 비행기를 타고 메카로 들어온다. 그리고 이날의 의식을 마친 모든 사람은 하지*Hajji*, 즉 순례자라는 칭호를 얻으며, 고향에 돌아가면 큰 존경을 받게 된다.

일행은 아라파트 산을 떠나 야영장으로 돌아왔다. 야영장은 무슬림 세계의 각처에서 온 순례자들이 한꺼번에 몰려드는 바람에 벌써 수십만 명의 사람들로 가득 찼다. 순례자들은 이 거룩한 하루의 나머지 시간을 다시 기도문을 읊조리고 설교를 들으며 보냈다. 하지만 나빌은 설교자가 설교 도중에 화제를 종교에서 정치로 바꾸어, 시리아 정부가 좀더 급진적인 무슬림의 성향을 보이지 않는다고 비판하는 말을 듣고는 상당한 충격을 받았다. 설교자는 갈수록 더 흥분했고, 이에 영향을 받은 일부 청중은 심한 히스테리 증상을 나타내기까지 했다. 여자들은 소리를 지르며 울음을 터뜨렸고, 어떤 남자는 정신을 잃고 응급실로 실려 갔다. 나빌은 마음이 불편해졌다. 그가 보기에 이것은 아주 역겨운 짓이었으며 이런 거룩한 날을 마무리하는 순서로 전혀 어울리지 않는 행위였다.

이 거룩한 날, 진기한 일이 일어났다. 매우 덥고, 하늘에 구름 한 점 없는 화창한 오후였다. 갑자기 구름이 나타나더니 곧바로 비를 퍼부었다. 일 년 중 이 시기에 메카에서 이런 현상이 생기는 일은 극히 드물다. 사람들은 이번 현상을 하나님이 순례자들을 인정하고 그의 자비를 보여 주는 표적이라고 해석했다(나중에 집으로 돌아온 나빌은 다마스쿠스 사람들까지도 성지 순례 때 나타난 이 특별한 표적을 화젯거리로 삼고 이런저런 소문을 퍼뜨리고 있는 것을 보았다).

그 뒤 예배자들은 메카로 돌아왔다. 거기서 그들은 모스크를 다시 찾아가 카아바 신전을 일곱 번 돌고, 사파와 마르와 사이를 일곱 번 더 뛰었다. 나빌 주위의 사람들은 하나님의 특별한 은총과 임재에 대한 감격에 젖어 눈물을 흘렸다. 하지만 나빌은 더 이상 별다른 기쁨이나 평안이나 감흥을 느끼지 못했다. 비록 의무 사항들을 행하긴 했지만 마음은 거기에 없었고, 그래서 그가 체험한 것과 군중이 열광하는 것은 서로 확연히 겉돌고 있을 뿐이었다.

드디어 성지 순례가 끝났다. 나빌도 모든 의무를 다 마쳤다. 이제 그는 순례자(하지)로 공식 인정을 받음으로써, '하지 나빌 마다니'라 불리게 되었다. 기분이 참 묘했다!

※

이튿날 순례자들은 성지 순례 기간이 끝나는 것을 기념하는 나흘간의 이드 알아드하(희생절) 행사를 위해 미나로 돌아왔다. 나빌은 시장에서 양 한 마리를 샀다. 그리고 사람을 사서 자기를 위해 희생절 의식을 따라 그 양을 잡아 달라고 했다. 그는 자기 양고기를 아주 조금만 입에 대었다. 나머지는 가난한 사람들에게 돌아가게 해야 했기 때문이다. 하지만 나빌 주위의 대부분의 사람들은 자기들이 마련한 양을 구워서 즐겁게 먹어 치웠다. 나빌은 아까운 고기가 쓰레기로 엄청나게 쌓이는 것을 유심히 바라보았다. 날씨가 더워 쉽게 부패할 수밖에 없는데, 저렇게 많은 것이 그냥 버려지다니!

나빌은 함께 온 사람들 가운데 이슬람교 제2의 성지인 메디나로 가는 무리와 합류했다. 나머지 사람들은 곧장 다마스쿠스로 향했다. 메카에서 메디나까지는 425킬로미터에 이르는 여정이었다. 메디나에 도착한 일행은 도시 중심부에 미리 얻어 놓은 아파트에 들어갔다. 이 아파트는 무함마드의 무덤이 있는 '예언자의 모스크'인 마스지드 앗샤리프에서 가까운 곳에 있었다. 조금 뒤 메디나에 살고 있는 무함마드 삼촌이 나빌을 찾아왔다. 삼촌은 모스크 중앙에 안치된 무함마드의 묘를 보여 주려고 나빌을 데리고 나갔다. 지붕이 녹색 돔으로 된 이 모스크는 25만 명을 거뜬히 수용할 수 있는 규모이다.

이 모스크를 처음 방문하면 지이야라라는 특별한 의식을 치러야 한다. 방문자는 평화의 문에서 시작하여 정해진 각각의 지점에 이를 때마다 특별한 기도문을 읊어야 한다. 나빌은 깊은 기도 속으로 빠져 들어갔다. 지금까지 살아오는 동안 위대한 예언자 무함마드에 대하여 숱하게 들어온 터라, 헤지라*의 현장에 있는 그의 묘 앞에 와 있다는 것 자체가 흥분되는 일이었다. 무슬림의 전승에 따르면 하나님이 세상을 창조한 것은 무함마드를 위해서였다고 한다. 이 모든 것이 나빌에게 매우 실감 나게 다가왔다. 사람들은 무함마드의 묘 옆에 앉아 꾸란을 낭송했는데, 어떤 이들은 그곳에서 이틀이나 사흘씩 머물면서 꾸란을 통째로 읽고 또 읽었다. 황금빛 장막으로 덮인 그 묘를 만져 보기 위해 많은 사람들이 서로 밀고 밀치고 있었다. 여자들은 감격의 눈물을 쏟았고, 남자들은 묘가 놓인 바닥에 돈을 던졌다. 만약 묘에 손을 댈 수만 있다면 그 사람은 모든 죄를 용서받게 되는 것이다!

무함마드의 묘 옆에는 아부바크르 Abu-Bakr와 우마르 Umar의 묘가 있다. 이들은 정통 칼리프 중 처음 두 사람으로, 무함마드의 사후 가장 탁월한 무슬림으로 받들어지고 있다. 나빌과 삼촌은 이들의 묘 앞에서도 기도한 뒤 점심 식사를 하러 시내로 향했다. 삼촌은 나빌에게 매우 자상하고 친절했다. 나빌은 그의 집에 머물면서 귀빈처럼 대접받았다. 그러나 숙모의 얼굴은 볼 수 없었다. 숙모는 나빌에게 어서 오라는 인사말을 하고, 시리아에 있는 나빌의 가족에 관해 묻고, 자기 안부를 전해 달라는 부탁도 했지만, 이 모든 대화가 닫힌 문을 사이에 두고 이루어졌다. 사실 무함마드 삼촌은 종교적인 면에서 매우 엄격한 사람이었다. 나빌은 그를 따라 하루 다섯 번씩 기도하러 모스크에 가야 했다. 삼촌 집에 4주 동안 머물다 보니 이 일은 지루한 훈련 일과가 되어 버렸다. 하지만 이에 대한 보상도 있었다. 삼촌이 그를 메디나와 그 주변 지

---

● 헤지라 Hejirah: 서기 622년, 무함마드가 메카의 상인과 귀족의 박해를 피하여 자신의 추종자들과 메디나로 이주한 일. 이슬람력에서는 이 해를 기원 원년으로 삼고 있다.

역에 데리고 다니며 구경시켜 주었기 때문이다. 나빌은 메디나가 마음에 들었다. 그곳은 나무와 물이 풍부한 오아시스 지역이었다. 반면 메카는 건조하고 황량한 땅이었다. 나빌은 삼촌과 몇 번 소풍을 가고 쇼핑도 했다. 삼촌이 교편을 잡고 있는 학교도 들르고, 예언자 무함마드가 이 도시에 도착하여 건축한 모스크에도 가 보았다.

무함마드 삼촌은 나빌이 메디나에 눌러 앉기를 바라고 있었다. 그는 조카에게 사우디 샤리아 대학교에서 공부할 수 있도록 다리를 놓아 주겠다고 제안하고, 이에 필요한 특별 비자도 받아 주겠다고 했다. 그러나 나빌은 삼촌의 제안이 달갑지 않았다. 사람을 압박하듯 숨 막히고 종교적인 분위기의 사우디아라비아와 삼촌 집에서 어서 빨리 벗어나 상대적으로 자유로운 다마스쿠스 대학교와 개방적인 친구들에게 돌아가고 싶었다. 더욱이 사우디아라비아는 일 년 중 이때쯤이면 견딜 수 없이 더웠기 때문에, 나빌은 그 열기로 고통스러워하고 있었다. 사우디 사람들은 시리아인들과 상당히 다른 부류였다. 메디나 주민들은 주로 베두인으로서, 이들 중 일부는 근래에 들어와서야 도시에 정착한 사람들이고, 나빌이 시리아에서 친숙하게 접했던 세련된 부유층은 보이지 않았다. 설령 베두인 중에서 제일가는 부자들이라 하더라도 마음이나 몸가짐을 보면 여전히 거친 광야의 유목민이었고, 급진적 와하비즘*을

---

* 와하비즘Wahhabism: 18세기에 시작된 이슬람 복고주의 운동의 하나로, 훗날 사우디아라비아의 건국 이념이 되었으며, 서방 및 반이슬람 세력에 대한 극단적 무장 투쟁의 기반이기도 하다.

신봉하고 있었다. 나빌은 거대한 아라비아 반도를 차지한 사우디아라비아 영토의 크기와 아울러, 국가를 발전시키고 현대화하고자 하는 정부의 확고한 노력에 깊은 감명을 받았다. 석유 수출로 확보한 돈의 일부는 나라 전체의 이익을 위한 일에 확실하게 지출되고 있었다. 잘 닦은 도로들과 새로 세운 많은 건물들이 그 증거였다. 그렇지만 사우디 정부는 석유로 막대한 부를 쌓았음에도 여전히 성지 순례자들에게서 최대한 많은 돈을 거둬들이는 데 관심이 쏠려 있는 것 같았다. 순례자들은 비자 신청, 공인 여행안내자 고용, 성지 입장, 희생 제물 마련 등을 위해 돈을 써야 했고, 이 수익의 절반이 넘는 액수가 사우디 정부로 귀속되었다.

사우디아라비아에 온 지 40일쯤 되자, 나빌이 해야 할 일이 모두 끝났다. 이제 홀가분한 몸으로 시리아로 떠나 학교와 친구들에게 돌아갈 수 있게 되었다. 고향에 도착한 나빌은 느닷없이 명사 대접을 받기 시작했다. 친척과 친구들이 그를 만나려고 몰려왔다. 그리고 그를 포옹하고 쓰다듬기도 하면서, 핫지에게 주어지는 바라카*라는 특별한 축복을 얻어 가고자 했다. 나빌은 마치 갓 태어난 아기처럼 죄 없고 깨끗한 상태의 새로운 피조물로 인식되었다. 그는 사흘 동안 집에 가만히 앉아서, 찾아오는 사람들과 이야기를 주고받으며 성지 순례에 관하여 자세히 설명해 주었다. 모두들 자기들도 메카에 갈 수 있었다면 얼마나

---

• 바라카 baraka: 알라가 특별한 신자들에게 베푸는 영적 은사 및 보호. 축복이란 의미로도 사용.

5. 메카 순례 **67**

좋았을까 하는 눈치였다. 그러나 나빌은 자기에게 쏠린 이 모든 관심이 별로 달갑지 않았다. 한편 순례자는 가족을 위해 성지에서 기념물, 예컨대 거룩한 도시에서 나는 대추야자, 젬젬의 신성한 우물물, 성스러운 모래 같은 것을 가져오는 것이 관례였다. 그런데 나빌은 이런 데 신경 쓰지 않아서 어머니에게 큰 실망을 안겨 드리고 말았다.

학교로 돌아간 나빌은 친구들이 그를 '거룩한 분'이라고 부르며 순례 사실을 가지고 장난 치는 바람에 난처해졌다. 그들은 이렇게 말하며 놀려 댔다.

"핫지 나빌, 네가 가진 복 좀 얻자, 우리가 널 만지면 네가 은혜 받은 것 우리한테도 오는 거지?"

메카 순례의 흥분이 가시는 데는 오랜 시간이 걸렸다. 그 사이에 나빌의 부모는 아들이 정말 변화된 것인지 유심히 관찰했다. 얼마 가지 않아 그들은 성지 순례가 나빌에게 별다른 영향을 주지 못했다는 것을 깨달았다. 특히 페루즈는 아들이 너무도 걱정된 나머지, 이슬람의 종교적 요구 사항과 하나님에 대해 올바른 자세를 갖는 것이 얼마나 중요한지를 나빌에게 장시간에 걸쳐 이야기했다. 그녀는 나빌에게 기도 생활을 게을리 하지 말고 모스크에 꼬박꼬박 가며 꾸란을 챙겨 읽음으로써 경건한 무슬림이 되도록 하라고 채근했다.

"나빌, 무엣진 소리가 들리는구나. 모스크에 가서 아버지와 기도하지 그러니?"라고 어머니가 말하면 나빌은 "저, 지금 하고 있는 일이 있는데, 어서 끝마쳐야 해요"라고 하거나 "조금 뒤에 아버지 따라서 모스크에 갈게요"라고 대꾸했다. 그러나 실제로 모스크에 갈 생각은 전혀 없었다. 나중에는 여러 가지 이유를 꾸며 내기까지 했고, 공부하느라 너무 바빠서 방에서 혼자 기도했다고 둘러대곤 했다. 많은 논쟁이 오갔고, 불화가 쌓여 갔다. 나빌은 끊임없는 압력에서 벗어나기 위해 부모를 속이는 것이 아예 습관이 되었다. 하지만 부모가 보기에는 나빌이 종교 의무를 이따금씩 따르는 것이 별로 성에 차지 않았다. 아들이 진정 착실한 무슬림이 되려면 더 열심을 내야 했다. 이를 테면, 수염도 기르고, 유명한 이슬람 학자들 밑에 들어가서 공부하고, 샤피이 학파의 사상과 전통을 익히고, 정해진 경전 주석들을 읽는 것 등이다.

더욱 열성을 보이라는 압력에 나빌은 짜증이 났다. 그는 스스로를 괜찮은 무슬림이라고 생각하고 있었다. 누가 뭐래도 자신은 신앙이 있는 사람이며, 기도와 단식 의무를 행했고 불우이웃 구제금도 내놓았다. 게다가 성지 순례까지 하고 오지 않았던가? 그런데 왜 부모님은 조금도 만족하지 못하시는가? 나빌은 절망감과 분노가 치밀었다. 그냥 놔두시면 안 되는가? 아무리 부모님이라 해도 자식이 하고 싶지 않은 것을 끝끝내 강요하실 수는 없지 않은가? 나빌은 부모님이 자기에게 자율권을 준다면 이슬람의 기본적인 의식 만큼은 지키겠다고 마음먹었다. 그리고 종교라는 것은 개인적인 차원의 일이라고 내심 결론을 내렸다.

## 6. 대학 생활

나빌은 학교로 돌아와 친구들과 지내게 된 것이 기뻤다. 가장 친한 친구인 카말 역시 순니파의 유수한 가문 출신으로, 나빌과 한동네에서 자랐으며 초등학교부터 고등학교까지 나빌과 줄곧 같은 학교를 다녔다. 카말은 대학 졸업 후 미국으로 이민을 갔다. 팔레스타인에서 온 이브라힘도 나빌과 같은 동네에 살며 서로 단짝 친구로 지냈다. 나빌과 이브라힘이 무척이나 재미있게 어울려 다니자, 하십은 두 사람이 너무 가까워지지 않도록 제동을 걸었다. 팔레스타인 사람들은 종자가 다른 부류로 여겼기에, 그들과 사귀는 것은 바람직하지 못한 일로 치부되었다. 이스라엘에 대한 팔레스타인의 저항 운동을 지원하고 필요할 경우 함께 싸워 주는 것까지는 좋지만, 그 밖의 일에서는 의도적으로 그들과 거리를 두었다. 팔레스타인 출신의 고위직 인사들이 하십의 딸들을 며느리로 삼고자 여러 차례 청을 넣었지만 하십은 모두 거절했다. 다마스쿠스의 순니파 상류층은 다른 많은 부류의 사람들을 대하는 것과 마찬가지로 팔레스타인 사람들을 얕잡아 보았다. 이는 부족 내부의 전통적인 충성심과 금기 원칙이 여전히 매우 강력하게 유지되고 있다는 증거였다.

나빌이 다니는 대학교 캠퍼스는 다마스쿠스의 중심부, 전시관 바로 뒤에 위치했다. 프랑스 식민지 풍의 멋진 대학 건물들 주위로 잘 가꾸어진 교정이 펼쳐져 있고, 그 너머로는 인문·교양 학부를 위한 새 캠퍼스가 자리 잡고 있었다.

공부를 마치고 집으로 오는 길에 나빌은 이따금씩 교회 안으로 슬그머니 들어가 사람들이 예배하는 모습을 지켜보곤 했다. 그러던 어느 날, 그가 동방정교 교회의 뒷좌석 쪽으로 몰래 들어가는 것을 하십의 운전기사인 조셉이 보고 말았다. 나빌은 기겁을 했다. 조셉이 아버지께 일러바치면 어쩌지? 만약 그렇게 되면 문제가 끝없이 터질 것 같았다. 그날 밤 한숨도 자지 못한 그는 이튿날 아침이 되자마자 조셉에게 전화를 걸어 어제 일을 아무에게도 말하지 말아 달라고 신신당부했다. 조셉은 알겠다고 다짐했고, 약속을 지켜 주었다.

"그런데 거긴 왜 갔어?"

조셉이 나빌에게 물었다.

"기독교인들이 어떻게 기도하는지 구경 좀 하고 싶었거든요. 그냥 호기심 때문에 그랬어요."

나빌은 내향적인 편인 젊은이였다. 속 깊은 생각이나 솔직한 감정을 식구들에게 터놓고 이야기하고 싶었지만, 뭔가가 늘 그를 가로막고 있는 것 같았다. 아버지는 너무 엄격하고 매몰찼다. 어머니는 나빌을 아직도 어린애처럼 대했다. 그리고 안와르는 지나치게 거드름을 피웠고, 종교에 심취한 나머지 나빌에게 자기를 따라 신앙생활에 전념하라고 줄곧 압박을 가했다. 하지만 나빌은 안와르가 속한 과격주의자들의 분위기를 몹시 싫어했다. 이로 인해 그와 안와르 사이에 장벽이 쌓였다. 그를 이해해 주는 사람은 가운데 여동생 아말뿐이었다. 나빌은 아말이 편하게 느껴졌고, 마음속에 있는 비밀을 그녀에게 일부 털어놓기도 했다. 심지어 관심 있는 여자들에 대한 애틋한 감정이나 인생에 대한 생각까지도 말해 주었다. 아말은 나빌이 아버지와 부딪칠 때마다 나빌의 편이 되어 주었다.

무함마드 삼촌은 하십을 설득하여, 딸들에게 대학 교육을 시키지 말도록 했다. 하십의 세 딸은 모두 고등학교를 마쳤고, 이어서 대학교에 들어가고 싶어 했다. 그들은 눈물로 애원하고, 아버지의 마음을 돌려놓기 위해 어머니를 자기들 편으로 끌어들였지만 소용없었다. 하십이 보기에 대학교라는 것은 딸들에게 좋지 않은 영향을 미칠 위험한 곳이었다. 대학에 가면 딸들이 외부 세계에 노출될 터인데, 그것은 조신한 무슬림 여자라면 마땅히 멀리해야 할 것이었다. 결국 세 딸은 결혼할 날을 기다리며 집에 머물러 있어야 했다. 결혼은 빠를수록 바람직했다.

자밀레가 제일 먼저 결혼했다. 남편은 젊은 전기 기술자로, 신앙심이 매우 깊어 모스크에서 이슬람 연구 모임을 이끌었다. 그는 한때 나빌을 가르치기도 했던 사람이다. 나빌이 가장 좋아하는 동생인 아말은 유수한 집안의 사업가와 결혼했다. 자동차 부품 수입상인 그는 성실한 무슬림이지만, 개방적이고 융통성이 있었다. 그래서 나빌의 생활 방식과 하십과 무함마드의 빡빡한 요구 사항이 부딪치면 자주 나빌을 옹호해 주곤 했다. 막내 이만은 대통령 궁에서 근무하는 외교관과 결혼했다. 나빌은 막내 매제를 통해 정부의 내밀한 운영과 권모술수, 권력투쟁 등에 관해 많은 것을 알게 되었다. 한번은 이만의 남편이 하십의 가족 모두를 위해 대통령 궁 방문을 주선하고 다과를 대접했다. 이것은 아주 뜻깊은 기회였다. 하십은 영향력 있는 인맥을 넓힐 수 있도록 도움을 준 막내 사위를 매우 흡족하게 여겼다.

자밀레의 남편은 나빌이 종교 활동에 열심을 내도록 도우려고 애를 썼다. 금요일이 되면 그는 자격을 갖춘 설교자가 없는 모스크에 찾아가 설교를 하곤 했다. 어느 금요일, 그는 다마스쿠스에서 꽤 떨어진 마을에 있는 모스크로 나빌을 데리고 갔다. 기도 인도와 설교를 맡기기 위해서였다. 스무 명 가량의 농부들이 모여 있었다. 나빌은 그들 앞에 서서 기도를 인도했다. 그런 다음 설교단으로 올라가 매제가 작성해 준 설교문을 읽어 나갔다. 나빌로서는 처음이자 마지막 설교였다. 나빌은 다시는 하고 싶지 않다고 통사정을 했다. 그에게는 너무도 당황스러운 경험이었다. 나빌은 그렇게 소심한 성격이었다.

　나빌은 자밀레의 남편에게 이끌려 이슬람 신비주의를 믿는 수피*Sufi* 집회에 참석하기도 했다. 장소는 셰이크 하싼 합반나키라는 아주 유명한 이슬람 지도자의 집이었다. 나빌이 이런 집회에 참석해 본 것은 처음이었다. 모인 사람들이 기도하고 춤을 추다가 급기야는 황홀경에 빠져 들어갔다. 몇몇 사람은 자기 통제력을 잃어버렸다. 무리 가운데 있던 한 남자가 정신없이 울부짖으며 경전 구절들을 외쳐 댔다. 그러다가 갑자기 발작을 일으켜 사지를 버둥거리며 고꾸라졌다. 곁에 있던 사람들이 이것은 하나님의 영이 역사한 결과라고 입을 모았다. 그 남자가 하나님의 영을 받아서 그런 특별한 은총의 상태에 들어가게 되었다는 것이다.

　수피 집회에 참석하는 대부분의 지도자들은 자신들의 과격한 활동 때문에 정부 당국과 마찰을 빚고 있었다. 시리아 밖으로 나가는 것도 허용되지 않았다. 언젠가 이들이 메카 성지 순례를 하고 싶어 하십을 찾아왔다. 하십은 내무부의 자기 직위를 이용해 이들 내외에게 여권과 출국 허가증을 발급해 주었다. 이것은 쉬운 일이 아닌, 편법을 동원한 결과였다. 그러나 하십은 이 같은 영적 지도자들이 중요한 종교적 의식을 행할 수 있도록 도와주는 것이 자신의 의무라고 생각했다.

　그 즈음 나빌의 학교에서는 수많은 정치 활동이 전개되고 있었다. 많은 동아리들이 영향력을 넓히기 위해 경쟁을 벌였고, 자기들 모임에 학생들을 끌어들이려고 했다. 이 중에서 무슬림 형제단과 바트당의 대결이 가장 두드러졌다. 두 동아리 모두 나빌과 친구들에게 가입을 권해 왔지만, 나빌은 관심을 보이지 않았다. 그는 무슬림 형제단이 정치적 목표를 위해 폭력을 사용하는 것에 공포를 느꼈다. 여러 저명인사들이 암살당했고, 어떤 인기 있는 교수는 연구실에서 강의를 준비하다가 학생의 총에 맞아 숨졌다. 이 교수가 알라위파 사람이라는 것이 유일한 암살 이유로 알려져 있다. 많은 학생들이 분노를 느꼈지만, 딱히 어떻게 할 방도가 없었다. 바트 동아리에 가입한 학생들은 훗날 정부에 들어가 고위직으로 고속 승진하는 보상을 받았다.

나빌은 열심히 공부했다. 세미나에 참석하고 과제물을 제출하고 시험을 보는 등 해야 할 일이 무척 많았다. 그야말로 분주한 시간의 연속이었다. 한 주에 두 시간씩 필수 과목인 교련 수업도 받아야 했다. 이것은 정부가 최근에 새로 도입한 제도로, 학생들은 이 과목을 이수하면 나중에 군 복무 기간에서 6개월이 단축될 수 있었다. 그런데 나빌과 몇몇 친구들은 아직 미숙하고 제멋대로인 청년들이었다. 교련 시간을 별로 진지하게 여기지 않았고, 담당 교관들과 끊임없이 갈등을 빚었다. 특히 여름 방학을 맞아 20일간의 기초 군사훈련 과정에 들어가야 했는데, 이 기간 동안 다들 텐트에서 생활하며 군복 차림으로 매일 훈련을 받게 되어 있었다. 나빌은 이에 반발해 부대에서 주는 음식을 먹지 않고 정해진 시간에 기상하지도 않았다. 명령에 복종하기를 거부한 것이다. 분노한 교관이 나빌을 무장 보초가 딸린 독방에 감금해 버렸다. 그뿐만 아니라 나빌의 머리털을 죄다 밀어 버리겠다고 위협하기도 했다.

6. 대학 생활 **75**

공교롭게도 바로 이 무렵 하십과 페루즈가 훈련장으로 찾아왔다. 거친 병영 환경에서 고생하고 있을 작은아들 때문에 한시도 마음을 놓지 못하던 페루즈가 나빌이 제일 좋아하는 요리를 준비해 가지고는 하십을 설득하여 훈련장까지 차로 데려다 달라고 한 것이다. 호출을 받고 면회소로 끌려온 나빌은 자기에게 무슨 일이 터졌는지 실토하지 않을 수 없었다. 페루즈가 충격을 받았다. 그러나 하십은 나빌이 그곳에 남아서 호된 맛을 보아야 한다고 주장했다. 페루즈가 울부짖었다.

"안 돼요! 이 애가 그런 일 당하도록 놔두면 안 돼요. 여보, 장교에게 사정 이야기 좀 해 보세요."

결국 하십은 마음을 돌려 장교에게 선처를 부탁했다. 장교가 하십의 부탁을 받아들여, 조건부로 나빌의 벌을 면제해 주겠다고 말했다. 그 조건이란, 나빌이 남은 기간 동안 명령에 복종하고 모범적인 행동을 보이겠다고 다짐해야 한다는 것이었다. 괴로운 감금 상황에서 도망칠 계획을 꾸미고 있던 나빌은 선뜻 그러겠다고 약속했다(만약 도망을 쳤다면 다음 학년으로 진급할 수 없도록 징계가 내려졌을 것이다). 그리고 훈련생들과 다시 합류하게 되었다. 천만다행이었다!

긴 여름 방학 동안 안와르와 나빌은 독일제 사무기기 대리점을 경영하는 삼촌 밑에서 일했다. 이를 통해 두 사람은 좋은 업무 경험을 쌓았고 돈도 벌었다. 무엇보다 중요한 것은, 일을 하다 보니 길거리에서 방황하지 않아도 되었고 말썽을 일으킬 여유도 없어졌다는 사실이다. 하십은 두 아들이 빈둥거리기보다 이렇게 일을 해야 한다고 강조했다.

나빌은 학교 생활을 즐거워했다. 그는 스무 명 가량의 남녀 학생으로 이루어진 동아리에 들어갔는데, 이 학생들은 모두 유수한 순니파 가문 출신으로, 좋은 학과 성적 덕분에 교수들의 호감을 사고 있었다. 이 동아리의 주요 목적은 대학 생활을 함께 신나게 즐겨 보자는 것이었다. 종교와 정치에 관한 언급은 금기 사항이었다. 이들은 영화와 디스코, 파티 같은 것들을 좋아했으며, 지중해로 놀러 가기도 하고, 다마스쿠스를 둘러싼 알구타 오아시스로 야유회를 떠나기도 했다.

나빌에게 특별한 감정을 품은 아가씨가 둘 있었다. 레나와 이만이었다. 두 아가씨는 나빌이 자기 부모들에게 찾아가 결혼을 허락해 달라고 간청해 주기를 애타게 기다렸다. 그러나 나빌은 부담 없는 총각 시절을 즐기는 데 관심을 두었을 뿐, 결혼을 생각하기에는 자기가 아직 너무 어리다고 느꼈다. 시리아 사회에서 여자들은 가급적 일찍 결혼하여 안정된 삶을 누려야 한다는 압력을 상상 이상으로 많이 받는다. 나빌은 레나와 이만과 즐거운 시간을 보내면서도, 둘 중 누구도 확실히 사랑한 것이 아니었기 때문에 한편으로는 미안한 마음이 있었다.

하십 부부는 두 아들에게 되도록이면 일찌감치 좋은 혼처를 구해 주려고 애썼다. 자녀들의 결혼 중매를 서는 것은 사회 관습상 부모의 몫이었다. 페루즈는 안와르에게 꼭 맞는 짝을 찾기 위해 일 년 이상의 시간을 쏟아가며 처녀들의 가문과 성장 내력을 세심하게 따져 보았다.

그녀는 며느리 될 사람이 외모가 곱고 잘 교육받고 신앙이 깊은 가문의 유족한 순니파로서, 사회적 평판이 좋고 양가의 관계가 조화롭게 지속될 것으로 기대되는 완벽한 결혼 상대를 원했다. 하십 집안의 여자들은 후보에 오른 처녀들에 관하여 장시간에 걸쳐 꼼꼼히 살펴보고 그들의 장점들을 비교하며 의견을 모았다. 이런 자리에는 일가친척의 모든 여자들이 빠짐없이 참여했다.

마침내 페루즈는 맏아들의 이상적인 짝을 발견했다. 무슬림 사회에서는 사람들이 하나님의 인도를 구할 일이 있을 때, 잠들기 바로 전에 특별한 기도를 두 번 반복한다. 그날 밤에 기억에 남을 만한 꿈을 꾸었다면, 그것은 기도에 대한 응답으로 간주된다. 좋은 꿈은 '허락'을, 악몽은 '절대 금지'를 의미한다.

밤이 되자, 할머니, 아버지, 어머니, 그리고 삼촌들과 숙모들이 일제히 이 의식을 행했다. 이튿날 아침에 보고회가 열렸는데, 너나없이 좋은 꿈을 꾸었다고 말했다. 한 사람은 맑고 아름다운 물에서 헤엄치는 꿈을 꾸었고, 다른 한 사람은 해가 밝게 비추는 가운데 사방에 푸른 초장과 빼어난 경치가 펼쳐져 있는 높은 산을 걸어 올라가는 꿈을 꾸었다고 했다. 하나같이 긍정적인 꿈이었다. 그래서 모두들 이를 하나님이 허락한 신호로 받아들이고 안와르의 결혼 준비를 하기 시작했다.

안와르가 대학교를 졸업한 직후 결혼식이 거행되었다. 결혼 첫해 두 사람은 적잖은 갈등을 겪었다. 부부가 되기 전까지 서로 상대방에 대해 전혀 알지 못했기 때문이다. 급기야 친척들이 나서서 중재했고, 결국 두 사람은 함께 사는 것에 익숙해졌다.

 장남이 자리를 잡게 되자 나빌의 차례가 다가왔다. 친척들이 다그쳤다.

 "어서 여자를 골라서 결혼하도록 해라. 네가 가정을 꾸리는 것을 부모님께 보여 드려야지. 그게 효도하는 것이다. 특별히 맘에 두고 있는 아가씨가 있으면 우리한테 이야기해라."

 사실 나빌의 부모는 작은아들의 짝이 될 여자를 이미 점찍어 놓고 있었다. 나빌보다 다섯 살 어린 사촌으로, 하십의 막내 남동생의 딸이었다. 그녀는 대단한 미인이었다. 그녀의 아버지는 약리학을 전공한 딸을 위해 약국을 차려 주었고 집과 자동차까지 사 주었다. 누가 보더라도 그녀는 아주 매력적인 신부의 조건을 갖추고 있었다. 그녀의 어머니는 딸과 함께 매일 페루즈를 찾아오다시피 했다. 무슬림 문화에서 사촌끼리 결혼하는 것은 자연스러운 일이어서 하십은 이 혼사에 매우 흡족해했다. 둘이 부부가 되면 가족간의 유대가 더욱 돈독해지고 그동안 쌓아 온 재산도 가문에 남아 있게 될 것이기 때문이었다. 페루즈도 이 혼사를 기쁘게 여겨 매일같이 나빌에게 잔소리를 해 댔다.

 "너한테 더없이 좋은 짝이야. 제발 '예'라고 좀 해라. 지금 당장 식을 올리지 않아도 좋다. 하지만 결정은 빨리 지었으면 한다."

 나빌은 고분고분하지 않았다. 물론 그도 사촌 여동생을 좋아했다. 하지만 그녀는 여자라기보다는 어렸을 때 나빌이 함께 놀아 주던 동생이었다. 나빌은 그녀가 아내가 되는 것을 상상도 못했고, 벌써부터 결혼으로 묶일 마음의 준비도 되어 있지 않았다. 가급적 오랫동안 자유로운 삶을 누리고 싶었던 것이다. 이로 인해 많은 갈등과 말다툼이 빚어졌지만 나빌은 자신의 뜻을 꺾으려 하지 않았다.

✦

안와르는 대학 시절부터 무슬림 형제단에 관여하고 있었지만 당시에는 가족 중에서 아무도 그 사실을 알지 못했다. 대학 재학 내내 명석한 학자의 면모를 과시했던 안와르는 졸업과 더불어 그 학교에서 강사 자리를 제안 받았다. 이 제안을 받아들인 그는 토목공학 교과서를 집필하기도 했는데, 이 책은 지금도 사용된다. 나빌은 형을 도와 조판 작업을 해 주었고, 하십은 뿌듯한 마음으로 출판 비용을 대 주었다. 책은 잘 팔려 나갔고, 덕분에 안와르는 성공적으로 사회생활의 첫걸음을 내딛게 되었다. 그가 마지막으로 맡은 프로젝트는 다마스쿠스에 최대 규모로 들어설 사무용 건물의 기초를 설계하는 작업이었다. 그는 청사진 작성에 필요한 전문 설계 과정을 이수한 바 있다. 프로젝트는 대성공을 거두었다.

1980년에 이르러 정부와 무슬림 형제단의 대결이 또다시 불을 뿜었다. 많은 형제단원들이 검거되었다. 그 중에 안와르의 가장 친한 친구도 있었다(현재까지 그의 종적은 묘연하기만 하다). 하십은 장남이 형제단과 관련되어 있다는 것을 알고는 걱정이 이만저만이 아니었다. 그는 안와르가 심각한 위험에 처해 있음을 알았다. 가족 회의가 소집되었고, 최대한 빨리 안와르가 나라를 빠져나갈 수 있도록 힘을 모으기로 결론이 났다. 페루즈는 아들의 속죄를 위해 참회하는 뜻에서 이틀에 걸쳐 꾸란 전체를 암송했다.

하십은 자기 직위와 인맥을 활용하여, 내무부가 안와르에게 시리아 출국을 위한 특별 허가증을 내주게 할 수 있었다. 또 그는 군사 당국에 5,000달러를 써서 안와르의 병역 의무가 면제되게 했다. 그리고 여권이 발급되자 아들을 아랍에미리트로 가는 비행기에 태웠다. 모든 일이 너무도 빠르게 진행되어 아랍에미리트 입국 비자를 받을 만한 여유가 없었다. 그러나 하십은 이 일에도 손을 써 놓았다. 친구를 시켜 두바이 공항에서 안와르를 만나 7일짜리 통과 비자를 전해 주게 한 것이다. 그 뒤 이 비자는 계속 연장되었다. 결국 안와르는 아랍에미리트에 정착하게 되었고, 그곳에서 토목 및 건축 회사를 설립했다. 몇 달 후 그의 아내가 페루즈를 모시고 두바이로 비행기를 타고 가서 그와 합류했다.

안와르가 무사히 시리아를 빠져나가자 하십은 안도의 한숨을 내쉬었다. 내무부의 정보망을 통해 그는 권력 투쟁의 와중에서 정부와 무슬림 형제단의 갈등이 격화되리라는 것을 알았다. 하십의 염려는 정확히 현실로 나타났다. 1982년 무슬림 형제단이 하마라는 도시에서 반란을 기도한 것이다. 하지만 정부는 중포병대와 전차를 갖춘 보안군을 앞세워 반란 세력을 잔혹하게 진압해 버렸다. 구 시가지의 대부분이 중화기의 포격으로 초토화되었다. 이 사건으로 2만 명 이상이 목숨을 잃은 것으로 추정되었다. 그리고 시리아 전역에서 수천 명의 형제단원들과 동조자들이 말 그대로 사라졌고 그들의 소식은 영원히 묻혀 버렸다.

원래 하십은 두 아들 모두 시리아 육군에 입대하기를 바랐다. 그러나 페루즈가 반대하고 나섰다. 당시 시리아 군대는 분단 지역에 대한 시리아의 주도권을 확고하게 하기 위해 이따금 레바논 내의 무력 분쟁에 개입했는데, 페루즈는 사랑하는 아들들의 목숨이 위태로워지는 것을 원하지 않은 것이다. 또한 그녀는 레바논이 와해될 경우 시리아가 철천지원수인 이스라엘과의 전쟁에 휘말리게 될 것을 우려했다. 만약 이스라엘과 전면전이 일어난다면 시리아 군대가 승리하리라고 믿는 사람은 아무도 없었다.

정부와 군대를 알라위파가 장악한 상황에서 순니파 사람들은 할 수만 있다면 아들들을 군대에 보내지 않으려 했고, 그에 대해 도덕적인 책임감도 느끼지 않았다. 알라위파는 진정한 이슬람 세계에서 볼 때 이스라엘과 거의 비슷한 수준의 적으로 간주되었으며, 이스라엘과의 거룩한 전쟁이라는 미명 하에 자기들만의 세력 기반을 강화하려는 자들로 인식되었다. 그러니 알라위파를 위해 싸울 이유가 어디 있겠는가? 전통적인 이슬람의 가르침에 따르면, 멀리 떨어진 적을 공격하기 전에 우선 가장 가까이 있는 적과 싸워야 한다고 되어 있다. 실제로 1980년대 초에 순니파 종교 지도자들이 내린 판결(파트와)을 보면, 알라위파 사람을 죽이는 것은 이스라엘 사람을 죽이는 것과 같은 공을 인정받는 행위라고 명기되어 있다.

순니파의 상류층 사람들은 지배자의 위치에 앉기를 선호했다. 전쟁에 나가는 것은 다른 부류의 사람들이나 할 일이었다! 상당한 재력을 갖춘 사람들은 아들 한 명당 몸값으로 5,000달러를 내고 5년 동안 외국에 내보냄으로써 자식들의 징병을 피할 수 있었다. 이 기간이 지나면 이들은 합법적으로 병역 의무에서 면제되어 시리아로 돌아올 수 있게 되었다.

하십과 페루즈는 불의의 급박한 사건으로 안와르의 징집이 면제되도록 손을 쓴 전례를 따라 나빌에게도 그렇게 해 주기로 마음먹었다. 1982년, 나빌이 대학교를 졸업하자 하십 부부는 당국에 5,000달러를 내고 그를 비행기에 태워 아랍에미리트로 보냈다. 물론 이번에는 입국 비자를 미리 받아 놓았다. 나빌이 도착하자 안와르가 데리고 가서 뒤를 봐주고 자기 회사에 일자리를 마련해 주었다.

# 7. 아라비아 만에서

두바이 시는 아라비아 만*에 면한 아랍에미리트연방을 이루는 일곱 토후국 중 하나이자 풍부한 석유 자원을 보유한 토후국의 수도이다. 1980년대에 석유 수출 대금의 유입으로 경제가 호황을 맞이했고, 아랍 세계 곳곳에서 사람들이 월급 좋은 직장을 찾아 두바이로 몰려들었다. 당시 인구 약 27만 5,000명의 이 나라는 사회 편의 시설이 완전히 현대화되어 있었다. 연방에서 가장 큰 도시인 두바이 시는 경제 수도로 자리 잡았으며, 도로를 통해 연방 내 나머지 두 주요 도시인 아부다비, 라스 알카이마와 연결되었다.

나빌이 두바이에 도착할 무렵, 안와르는 든든히 뿌리를 내리고 성공적으로 사업을 해 나가고 있었다. 나빌은 처음 여섯 달 동안 형의 회사

---

● 아라비아 만: 아랍 세계에서 페르시아 만을 일컫는 말.

에서 일했다. 애초에는 회계 분야 업무를 담당했으나, 나중에는 자신을 필요로 하는 곳마다 손을 보태다 보니 온갖 일을 도맡게 되었다. 그러나 이것은 그가 기대했던 삶도, 신나는 생활도 아니었다.

몇 주 동안 안와르의 가족과 지낸 나빌은 혼자만의 시간을 위해 아파트에 세를 얻어 들어갔다. 그럼에도 친형을 위해 일하다 보니 가족 관계와 업무상의 관계가 뒤섞이는 것을 경험하면서 불편을 느끼게 되었다. 그래서 가급적이면 빨리 다른 직장으로 옮기고 싶었다. 마침 무역회사를 경영하는 안와르의 친구가 회계 직원을 구하고 있었다. 나빌은 그 회사의 일자리를 흔쾌히 받아들였고, 거기서 일곱 달 동안 근무했다.

얼마 가지 않아 나빌은 새로 들어간 회사의 사업이 내리막길에 있다는 사실을 눈치 채고 다시 직장을 바꾸기로 마음먹었다. 안와르가 또 다른 친구를 소개해 주었다. 이번에는 '이슬람출판'이라는 번창한 대기업을 소유한 시리아 사람 아흐마드였다. 이 회사는 아랍권 전체를 비롯해 다른 많은 나라들에 지사가 있으며, 무슬림 세계에서 많이 팔리는 꾸란, 하디스, 이슬람 주석서 및 참고도서 들을 발간하고 있었다. 나빌은 이 출판사의 두바이 지사 지배인으로 채용되었다. 그는 세 번째 회사에서의 생활에 곧 익숙해졌다. 높은 급여를 받았고, 멋진 아파트도 장만했다. 그는 여가 생활을 풍요롭게 누리려고 수영장과 스포츠 시설을 갖춘 하얏트리젠시 호텔의 회원 전용 클럽에 가입했다. 그리고 친구들과 어울려 매일 클럽에 가서 수영이나 사우나를 즐기고 테니를 쳤다. 체스도 배워서 시합을 벌이곤 했는데, 이것은 금세 그가 좋아하는 취미가 되었다.

아흐마드는 나빌을 좋아했고, 종종 점심이나 저녁 식사를 함께하자며 근사한 음식점에 데려가기도 했다. 삶은 유쾌했고 미래도 밝아 보였다. 이따금씩 나빌은 쿠웨이트, 레바논, 사우디아라비아뿐 아니라 스페인, 독일, 프랑스, 영국 등지로 출장을 떠났다. 그는 출장을 즐겼고, 이것은 그의 자존심을 한껏 높여 주었다.

나빌은 매년 한 차례씩 시리아 대사관으로 여권을 가지고 가서 도장을 받아야 했다. 5년 후 문제없이 시리아로 돌아갈 수 있게 하기 위해서였다. 그 사이 하십과 페루즈가 해마다 두 번씩 두 아들을 방문했고, 모두 잘 지내는 것을 확인하고는 마음을 놓았다. 그들은 안와르가 시리아로 결코 돌아올 수 없다는 것을 알고 있었다. 그래서 어서 5년이 지나 나빌이 돌아오게 되기를 학수고대했다.

두바이에서 나빌이 사귄 친구들은 주로 시리아 출신으로, 석유로 막대한 부를 일군 아라비아 만 연안 국가에 돈을 벌기 위해 온 사람들이었다. 아랍에미리트에는 이들처럼 일자리를 찾아서 온 수많은 아랍계 이민자들과 그 밖의 외국인들이 있었다. 이 사람들에게는 아랍에미리트의 시민권이 주어지지 않았다. 나라의 경제권이 이들 손에 넘어가는 것을 정부와 본토인들이 우려했기 때문이다. 그렇기는 해도 시리아인들은 외국인으로서 상당히 존중받고 있었다. 이들과 레바논인들은 교육 수준이 높다는 평을 받았으며, 본토인들은 이들을 신뢰했다. 특히 시리아인은 일반적으로 유능하고 정직한 거래 상대로 인식되었다. 반면에 요르단인들은 권위에 복종하기 싫어하고 남들을 부리는 상전 행세하기를 좋아하는 현지의 베두인과 유사한 사람들로 치부되었다. 이집트인들은 파라오 치하에서 살아온 장구한 역사로 인해 유약하고 고분고분한 사람들로 생각되었다. 팔레스타인 사람들은, 비록 모두들 이들을 위해 싸워 주겠다는 마음은 있지만 정치적으로 위험한 말썽꾼으로 배척되었다.

아랍에미리트 본토인들은 베두인 혈통을 지니고 있으며 대부분 제1세대 도시 거주민들이었다. 이들은 나빌과 같은 젊은이들이 지나치게 서구화되어 이슬람에 충실하지 못하다고 보았다. 아랍에미리트 정부는 다른 아랍인들이 와서 일할 수 있도록 허가할 때 엄격한 규정을 적용했다. 그래서 안와르는 자기 회사 주식의 51퍼센트를 아랍에미리트 국적자에게 배당해 주어야 했다. 이 현지인이 회사에 기여한 것이라고는 공동 소유주로 이름을 올려놓은 것이 전부였으며, 일도 하지 않고 아무런 위험도 부담하지 않으면서 이름값으로 한 해에 5만 달러씩 벌어 갔다. 이 사람은 글을 읽고 쓸 줄 몰라서 매년 갱신이 필요한 계약서에 손도장을 찍는 것 외에는 할 수 있는 일이 없었다.

아랍에미리트 사회의 최하층은 파키스탄, 인도, 방글라데시에서 이민 온 노동자들이었다. 이들은 남들이 모두 꺼리는 잡일을 도맡아 했다. 이들도 무슬림이지만 하인과 마찬가지의 모욕적인 대우를 받았다. 이들에게 주어진 일은 차를 닦고 세탁소에 빨랫감을 갖다 주고 아파트와 사무실이나 도로를 청소하는 것이었다. 나빌이 보기에 이들은 아주 쓸모 있는 사람들이었다. 그는 이들 중 한 명을 품꾼으로 고용해서, 날씨가 뜨거울 때 자가용 승용차의 시동을 걸어 에어컨을 켜 놓게 하고, 몇 분 뒤 집이나 사무실에서 나와 곧바로 시원한 차 안으로 들어갔다. 나빌의 책상 위에 커피나 차를 가져다주는 일도 이러한 품꾼들의 몫이었다. 어떤 일도 이들에게는 구차한 것이 아니었다. 하지만 이런 일들에 대한 보수는 이들이 수시로 겪어야 했던 열악한 처우에 비하면 턱없이 적은 액수였다. 심지어 안와르의 경우 품꾼이 한 일이 마음에 들지 않으면 남들이 보는 앞에서도 뺨을 후려치는 것이 예사였다.

나빌은 '이슬람출판'의 도서 전시회를 개최할 때, 품꾼들을 고용하여 서가를 설치하고 책을 진열하고 전시회장을 청소하는 등 몸으로 해야 할 모든 일을 맡겼다. 그리고 자신은 현장 준비가 끝날 때까지 동료들과 주변에서 서성거리며 커피를 마시고 한담을 나누었다. 힘든 일을 한 품꾼들에게 수고했다는 말을 건네려는 직원은 아무도 없었다.

하지만 나빌이 보기에 이들은 착하고 정직하고 겸손한 사람들이었다. 이 사람들은 몸을 사리지 않고 충성스럽게 일했다. 게다가 베두인들과 달리 불평을 하거나 대들거나 말대답을 하는 경우가 없었다. 이 품꾼들은 나빌을 포함한 상전들을 주인님이라는 뜻의 '아르밥'이라고 불렀다. "예, 아르밥," "알겠습니다, 아르밥," "말씀하신 대로 합지요,

아르밥." 품꾼을 부리는 사람들은 이런 호칭을 들으면 썩 뿌듯해했다. 사실 인도 대륙에서 온 이 노동자들은 주로 시리아인이나 다른 외국인 밑에서 일하고 싶어 했다. 아랍에미리트 본토인들에 비해 자기들을 덜 까다롭게 대해 주었기 때문이다.

두바이에서 나빌은 두 명의 친구와 특별히 가깝게 지냈다. 이 중에서 아미르는 농경학자이자 자유사상가였고, 무인은 나빌이 다마스쿠스의 모스크에서 이슬람 공부 모임에 함께 참여하면서부터 알고 지내는 사이였다. 이들 두 친구는 나빌처럼 병역 의무를 피해 시리아를 떠나온 사람들이었다. 두 사람 모두 각자의 삶의 방식과 세계관을 나빌에게 심어 주고 싶어 했다. 아미르는 나빌을 데리고 나가 인생의 쾌락을 즐겨 보게 했고, 반면에 무인은 모스크에 함께 기도하러 가자고 권하곤 했다. 무인은 이미 두바이의 모스크에 이슬람 연구회를 결성해 놓고 있었다. 나빌은 이따금씩 무인을 따라 연구회 모임에 참석했다. 하지만 주로 이것은 평소 이슬람을 공부하던 습관에 따른 것이었다. 두바이를 비롯한 아라비아 만 지역 어디서나 이슬람은 사회적으로 강력한 구심점이 되어 있다. 모든 사람은 정기적으로 기도회에 참석해야 했다. 누구든지 경건하고 규례를 잘 지키는 무슬림이라는 인상을 주면 오래지 않아 좋은 평판을 얻게 된다. 그리고 이것은 사업에 보탬이 된다!

나빌은 여유 시간을 대부분 책 읽는 데 할애했다. 자신이 출판 업계에 몸담고 있기 때문에 손쉽게 책을 접할 수 있었고, 그래서 자기 아파트에 근사한 도서관을 꾸미게 되었다. 그리고 이슬람뿐만 아니라 일반 분야의 연구 서적과 과학 도서를 섭렵해 갔다. 나빌은 끝없이 답을 찾는 비판적인 사상가였다. 특히 인생의 의미에 관해서는 더더욱 그러했다.

두바이에서 새롭고 독립적인 생활을 영위해 가면서, 나빌은 난생처음 자기가 성숙해 가고 있고 자신의 존재가 발전되어 가고 있다고 느끼게 되었다. 그는 완전히 독자적인 삶을 누리고 있었다. 그에게 잔소리하거나 통제하려 드는 부모가 곁에 있지 않았고, 어떤 사람을 친구로 사귀라 하거나 여유 시간에는 무엇을 해야 한다는 둥 지시할 이도 없었다. 나빌은 이런 자유를 만끽했고, 성공적인 앞날을 위해 자신에게 모든 열정을 쏟아부을 수 있었다. 그는 회사의 업무 절차를 개선했고, 매출을 늘렸으며, 새로운 고객들을 확보했다. 나빌의 경영에 힘입어 '이슬람출판'의 두바이 지사는 날로 번창해 갔다.

그러나 나빌은 마음속 깊은 곳에서 뭔가 답답함을 느꼈다. 종교와 인생에 관해 많은 의문을 품고 있었지만 아무런 답을 얻을 수 없었다. 이런 것들에 관해 대화를 나눌 사람이 주변에 없었다. 사실 이런 것들을 화제로 삼는 것은 금기였다. 아무도 감히 이런 질문을 꺼낼 엄두를 내지 못했다. 그리고 나빌 외에는 어느 누구도 이런 문제에 의심을 품거나 찜찜해하는 것 같지 않았다. 사람들을 보면, 전통적인 이슬람의 가르침에 따른 해묵은 규례들에 만족해하고 그들의 종교에 확신을 갖고 있으며, 아라비아 만 지역의 경쟁적인 경제 환경에서 각자의 물질적

수준을 끌어올리는 데 몰두하고 있는 듯했다. 대부분의 사람들은 나빌이 매일같이 부딪히며 고민하는 수많은 모순점들을 안중에도 두지 않는 듯했다.

## 8. 새로운 발견

물질적으로 바랄 수 있는 모든 것을 다 갖기는 했지만, 나빌은 자신의 삶에서 뭔가가 빠진 듯한 공허함을 느꼈다. 때로 그는 이 공허함의 원인을 찾아내려고 스스로를 분석해 보았다. 자신에게 무슨 문제가 있는 건 아닐까? 어쨌든 그는 하나님을 믿고 있고 그런대로 종교적이며, 모스크에 출석도 하고 이슬람에 관해 공부까지 했다. 하지만 아무래도 하나님은 저 멀리 떨어져 있는 비인격적인 존재, 나빌이 붙잡거나 이해할 수 없는, 그 어딘가에 존재하는 미지의 힘 같았다. 하나님의 실재를 좀더 의미 있게 경험할 수 있는 방법이 과연 있기는 할까?

나빌은 아버지 하십이 자신의 종교 생활에 관해 가끔씩 페루즈에게 한 말을 떠올렸다.

"여보, 나는 성실한 무슬림이라면 당연히 해야 하는 모든 것을 했어. 매일 다섯 번씩 기도하고, 성지 순례는 일곱 번이나 다녀왔어. 그리고 어려운 사람들에게 자선금을 정해진 액수만큼 내놓고 있어. 난 하나님께서 사람들에게 명하신 것을 어김없이 지키고 있단 말이지. 이제 내가 바라는 것은 하나님께서 나를 인정해 주셨으면 하는 거야."

하십은 그의 행위가 천국에 자신의 자리를 확보해 주기를 바랐다. 하지만 그 희망은 확고하지 못했고, 그는 천국에 갈 수 있다는 아무런 확신이 없었다. 나빌은 괴로웠다. 아버지가 자신에게 부과된 의무를 다 했다면 천국은 당연히 보장되어 있어야 하는 것 아닌가? 어째서 아버지는 지옥에 갈까 봐 끊임없이 두려워하는가?

이슬람의 가르침에 따르면, 내세에 사람의 운명이 어떻게 될지는 하나님만이 안다. 하나님께만 최후의 결정권이 있으며, 누구도 자신의 최종 운명을 확신하지 못한다. 나빌이 보기에 하나님은 매우 독단적이었다. 사람이 하나님의 마음에 들려고 아무리 애쓴다 해도 최후의 순간에 하나님은 그 사람을 지옥에 던져 넣기로 결정할 수 있다. 하나님의 뜻은 절대적이므로 아무도 하나님의 명령에 이의를 제기할 수 없다. 비록 그 명령들이 변덕스럽게 보인다 하더라도 말이다. 바로 이 점에 관해 옛날부터 많은 이야기들이 전해 내려온다. 하나님이 악한 사람을 천국에 들여보내 주었다는 이야기들과, 선한 사람을 지옥으로 보냈다는 이야기들이다. 이 모든 것이 너무 불공평하고 불합리하게만 느껴졌다. 대체 무슨 신이 이런가?

나빌은 하십이나 다른 독실한 무슬림들이 하나님을 사람들이 실수하고 죄 짓기를 기다렸다가 심판 때 마구 닦아세우는 무자비한 공사장

8. 새로운 발견 93

감독쯤으로 인식한다고 느꼈다. 이들은 마지막에 지옥에 떨어질지도 모른다는 끊임없는 두려움에 휩싸여 살면서 크게 걱정하고 있었다. 하십은 페루즈에게 이렇게 말하곤 했다.

"내가 죽으면, 잊지 말고 해마다 나를 위해 꾸란을 서너 번씩 읽어 줘. 그리고 내 친구들과 정기적으로 내 무덤에 찾아가서 나를 위해 기도해 줘야 돼."

이러한 의례들을 치르면 죽은 자의 영혼이 저 세상에서 더 나은 곳으로 올라가게 된다고 한다. 그러나 어느 누가 자신이 죽은 뒤 가족이나 친구들이 매년 꼬박꼬박 이런 의례들을 치러 줄 거라고 신뢰할 수 있을까? 그럴 가망은 별로 없어 보였다. 이거야말로 참으로 맥 빠지는 일이었다.

※

매일 두바이 중앙우체국에 가서 회사의 우편물을 받아 오는 것은 나빌의 임무였다. 어느 날, 아랍어로 된 전단 하나가 그의 눈에 띄었다. 그것은 레바논 어딘가에서 나빌의 회사 주소로 보낸 것이었다. 내용을 보니 예언자 이싸Issa(예수)에 관한 것이었는데, 그분은 세상에 실제로 나타나신 유일신 하나님이며 행복의 유일한 길이라고 적혀 있었다. 나빌은 전단을 읽고는 "바보 같은 소리 작작 해라!" 하며 내던져 버렸다. 그 후로부터 두어 달 간격으로 새로운 전단이나 책자가 우송되어 왔다. 발송지가 독일일 때도 있었고, 레바논이나 키프로스일 때도 있었다. 나빌은 이것이 불법 포교 행위이며 당국에 신고해야 할 일이라는 것을 알았다. 그러나 이상하게도 선뜻 신고할 마음이 내키지 않았다. 그는 받은 전단들을 매번 읽어 보았다. 어떻게 이싸가 인류의 죄를 대신 지고 돌아가신 메시야인지, 그리고 어떻게 그분이 모든 사람을 사랑하셨으며 값없이 구원을 베푸셨는지 설명되어 있었다. 나빌은 자신이 읽은 내용을 받아들일 수 없었다. 그가 믿는 무슬림의 기본 신조와 너무도 달랐기 때문이다.

'물론, 이싸는 위대한 예언자 중 한 명이지. 하지만 그분은 다른 모든 예언자들과 마찬가지로 사람이었을 뿐이야. 유일신 하나님께는 아들이 있을 수 없어. 사람을 하나님과 동일시하는 것은 중대한 죄야. 더욱이 이싸는 죽지 않았어. 하나님께서 다른 사람을 보내서 이싸 대신 죽게 했고 이싸를 하늘로 데려가신 거야.'

전통적으로 무슬림들이 기독교를 반박하는 논리를 익히 알고 있는 나빌은 혐오감을 느끼며 전단을 내던져 버렸다.

어느 전단에는 키프로스의 주소로 요청하면 더 자세한 정보와 함께 성경을 무료로 보내 주겠다는 말이 적혀 있었다. 나빌은 첨부된 신청서를 작성하여 보냈다. 더 알고 싶었기 때문이다. 선입견이 있지만 그래도 그는 새로운 사상들을 즐겼다. 나빌은 이처럼 호기심이 많았다.

몇 주 후 나빌은 성경과 함께 '열쇠'라는 제목의 조그마한 잡지와 여러 가지 전단을 받았다. 그는 그 우편물을 아파트에 보관해 놓고는 저녁마다 읽어 보기로 했다. 성경은 쉬운 현대 아랍어로 되어 있었는데,

꾸란에 비해 두께가 얄팍했고 흥미롭지도 않아 보였다. 운율도 없고 가락도 없어서, 세상의 일반적인 책과 마찬가지로 단조롭기만 했다. 내용도 그가 이해할 수 없는 것이 많았다. 하지만 무엇 때문인지 그는 성경에서 손을 놓을 수가 없었다.

그 무렵 나빌은 헨리 암허스트라는 미국인 사업가를 만나게 되었다. 헨리는 서양의 여러 출판사를 대리하여 각급 학교와 정부 기관에 과학 도서를 판매하는 사람이었다. 그는 나빌이 개최하는 도서 전시회를 통해 자신이 맡은 책들을 홍보했고, 나빌에게 좋은 고객이 되어 주었다. 나빌은 그에게 '이슬람출판'의 일부 도서들을 팔았고, 점차 그를 더 깊이 알게 되었다. 그는 하나하나의 거래 과정에서 무척이나 진솔한 모습을 보여 주었으며, 나빌은 친절하고 정직한 이 미국인이 좋아졌다. 얼마 가지 않아 두 사람은 절친한 친구 사이로 발전했다. 종종 만나 점심도 같이 먹고, 바다로 함께 수영하러 가기도 했고, 커피를 마시며 이야기를 나누곤 했다. 서로 함께 있는 것이 즐거웠다. 하지만 나빌의 사장인 아흐마드는 두 사람의 관계를 못마땅하게 여겼다. 그는 서양인, 특히 미국인을 싫어했다. 그래서 나빌더러 헨리와는 업무상의 목적으로만 만나라고 충고했다. 나빌은 사장이 사생활에 간섭하는 것이 불쾌했고, 결과적으로 사장과의 사이에 갈등이 적잖이 불거졌다.

헨리는 결혼을 했지만, 부인과 자녀들은 미국에서 살고 있었다. 그는 일 년 중 좀 서늘한 때에는 두바이에 머물렀고, 여름철에는 4개월 동안의 긴 휴가를 내서 미국으로 건너가 가족과 지내곤 했다. 나빌은 헨리를 좋아했다. 그리고 그의 솔직한 성품, 어려움에 처한 사람에게 언제든지 도움을 주려는 자세, 그리고 친절하며 사려 깊은 태도를 부러워했다. 다른 친구들에게서는 이런 모습을 한 번도 본 적이 없는 나빌은 헨리의 그런 비결이 무엇인지 궁금했다.

업무상으로 헨리는 나빌에게 많은 도움을 주었다. 그는 여러 해 동안 두바이에서 일을 해 온 터라 기업체와 정부 양쪽에 소중한 인맥을 많이 확보하고 있었다. 헨리는 이들 중 일부 인사들을 나빌에게 소개시켜 주었으며, 이슬람 서적에 관심이 있을 듯한 다른 사람들을 추천해 주기도 했다. 당시 '이슬람출판'은 최고급판 꾸란을 막 출간해 놓고 있었다. 가죽 장정에 금박 글씨를 한 멋진 책이었다. 나빌은 헨리의 인맥을 활용하여 그 책으로 많은 매상을 올렸다.

어느 날, 나빌은 성경을 비롯한 기독교 자료들을 우편으로 받았다는 사실을 헨리에게 불쑥 털어놓았다. 헨리는 그 즉시 반응을 보이지 않다가 며칠 후 나빌에게 혹시 인질*을 읽어 봤는지 물어 왔다. 나빌은 읽긴 했지만 대부분이 이해되지 않는다고 했다. 그러자 헨리는 자기가 기독교인이라고 밝히고, 이싸가 신이며 헨리 자신의 죄 때문에 돌아가셨음을 진심으로 믿고 있다고 말했다. 그는 나빌을 설득하려 들지 않

---

• 인질 *Injil*: 이슬람교에서 신약성경을 일컫는 말. 4복음서만을 지칭하기도 한다.

았다. 그러나 그 후로 두 사람은 종교에 관하여 종종 대화를 나누게 되었는데, 이런 화제를 먼저 꺼내는 쪽은 주로 나빌이었다.

나빌은 헨리가 이싸에 관하여 하는 말을 놓고 이따금씩 격렬한 반론을 제기했다. 그것은 전형적인 중동 사람의 태도였다. 하지만 헨리는 늘 차분한 자세로 자신이 믿는 바를 조리 있게 설명해 갔다. 상소리 맞싸움을 기대하던 나빌은 그러한 헨리의 태도에서 깊은 인상을 받았다. 다른 종교를 믿는 사람과 대화할 때, 서로 견해가 다르다고 해서 흥분하거나 친구 관계를 망가뜨리지 않고 말할 수 있다는 것은 대단한 일이었다.

하루는 헨리가 자기 집에서 친구들 몇 명이 모여 기도회를 하려는데 오지 않겠느냐고 나빌에게 물었다. '기도하는 거야 문제없겠지'라고 생각한 나빌은 가겠다고 했다. 헨리의 아파트에서 나빌은 처음으로 헨리의 친구들과 만났다. 모두 서양인이었다. 그들은 잠시 동안 커피를 마시며 대화를 나누었다. 이윽고 헨리가 각자 기도 제목들을 내놓자고 제안했고, 다들 그 제목들을 가지고 하나님께 기도하기 시작했다.

나빌은 그들의 기도를 경청했다. 그들이 "하늘에 계신 아버지"라는 말로 기도를 시작하자, 나빌은 작은 목소리로 "야 랍 *Ya Rab*"이라고 덧붙였다. '오, 주님'이란 뜻이었다. 그들이 "예수님의 이름으로 기도합니다"라는 말로 마쳤을 때, 나빌은 이 표현에도 문제가 없다고 생각했다. 어쨌든 이싸는 위대한 예언자 중 한 명이었고, 거룩한 사람의 이름으로 드려진 기도에 하나님께서 확실히 응답해 주실 것이기 때문이었다.

정작 나빌에게 충격을 준 것은 그들의 기도가 무척이나 스스럼없고 친밀했다는 것이었다. 그들은 기도서에 있는 정해진 기도문을 외는 것이 아니었다. 그들이 개인적인 요청과 필요에 관해 하나님께 기도하는 것이 마치 다정하고 인간적이며 자상한 아버지와 대화하는 것처럼 보였다. 그들에게 하나님은 고고하고 멀기만 한 이슬람 신의 경우와 달리 바로 곁에 있는 존재 같았다. 전적으로 새로운 이 경험으로 나빌은 많은 생각에 잠겼다.

헨리와 그의 친구들은 참으로 온화하고 고상한 사람들이라는 느낌을 주었다. 그런 그들에게 나빌은 반하고 말았다. 그와 동시에 나빌의 내면에서 어떤 다른 소리가 울리고 있는 것 같았다.

'나빌, 안 된다. 이건 틀린 거야. 너한텐 맞지 않아. 무슬림 것이 아니란 말이야.'

나빌은 혼란스러워졌다. 하지만 그 후에도 그는 기도회에 발을 들여놓았고, 성경을 읽으면서 그 속에서 마주친 문제들을 골똘히 생각해 보았다. 이해할 수 없는 것이 아주 많았다. 그러나 헨리는 나빌더러 읽기를 계속하면서 하나님의 인도하심을 위해 기도하라고 북돋아 주었다. 마태복음을 읽는데, 이싸의 가르침 중에서 눈에 띄게 다가오는 말씀들이 있었다. 수준 높은 윤리적 명령을 담은 그 말씀들은 나빌의 마음을 세차게 흔들어 놓았다.

"나는 너희에게 이르노니 너희 원수를 사랑하며 너희를 박해하는 자를 위하여 기도하라 이같이 한즉 하늘에 계신 너희 아버지의 아들이 되리니……"(마 5:44-45).

충격적인 구절이었다! 나빌이 무슬림 교육을 받을 때 배운 것과는 정반대의 가르침이었다. 나빌은 헨리와 장시간 격렬한 토론을 벌였다.

"헨리, 원수를 사랑하라고 나한테 가르친 사람은 아무도 없었어요. 우리는 원수를 미워하도록 교육받았고, 실제로 그렇게 합니다. 원수라는 게 원래 그런 것 아닙니까? 그런데 이 말은 불가능한 요구예요. 나는 이스라엘 사람들을 도저히 사랑할 수 없어요. 그 자들은 우리가 당연히 싸워야 할 원수거든요."

"나빌의 생각이 맞습니다. 그 성경 말씀은 매우 어려운 명령입니다. 아니, 불가능합니다. 이싸께서 우리에게 주신 명령 중에는 자연적인 인간의 능력으로는 실천할 수 없는 것들이 많죠. 바로 이 점 때문에 우리는 각자의 삶에 그분과 그분의 능력을 받아들여야 합니다. 그것은 나빌이 그분을 믿어야 할 이유이기도 합니다."

그러자 나빌이 대꾸했다.

"그분을 믿는 것은 쉽지요. 우리 무슬림들은 그분을 위대한 예언자로 믿습니다. 또 그분이 하나님의 영을 통하여 처녀 마리암(마리아)에게서 태어났다는 것을 믿습니다. 하지만 내가 어떻게 그분을 하나님으로 받아들입니까? 하나님은 한 분뿐이며, 유일하고, 다른 모든 존재와 다르고, 보이지 않으며, 인간의 손이 미칠 수 없는 분이십니다. 그런데 이 책의 가르침은 내가 지금까지 살아오면서 배운 모든 것들을 뒤집습니다."

나빌에게 깊은 인상을 심어 준 성경구절이 또 있었다. 역시 이싸의 말씀이었다.

"건강한 자에게는 의사가 쓸 데 없고 병든 자에게라야 쓸 데 있느니라……나는 의인을 부르러 온 것이 아니요 죄인을 부르러 왔노라"(마 9:12-13).

이 구절을 처음 읽는 순간 나빌은 깜짝 놀라서 헨리에게 물어보았다.

"이싸가 말한 것은 단지 몸이 아픈 사람들에 대한 것입니까? 그분은 정상적이고 건강한 사람들에게는 관심이 없었던가요?"

헨리가 설명해 주었다.

"예수님의 말씀은 우리 모두에게 해당합니다. 우리는 누구를 막론하고 다 죄로 인해 병든 사람들이죠. 누구든지 자기가 여러 가지 종교적 계율을 지켰다고 해서 죄인이 아니라고 생각한다면 그 사람은 오해하고 있는 것입니다."

나빌은 성경의 가르침에 많은 감동을 받았다. 비록 자신이 선량한 사람이고 착실한 무슬림이라고 생각해 왔지만, 정말로 행복하거나 속 편한 적이 없었고 마음에 완전한 평안을 누린 기억도 없었다. 그는 책 읽고 사색에 잠기고, 다른 사람들과 함께하는 것을 즐기기보다는 되도록 이면 혼자 있으려고 하는 사람이었다. 그러다 보니 늘 고민에 싸여 있었지만, 그가 믿고 있는 종교는 그때까지 그의 개인적인 문제들을 해결하는 데 도움을 주지 못했다. 하지만 이싸의 말씀을 읽으면서 그는 마음속에서 뭔가 솟아오르는 것을 느꼈다. 그것은 그가 한 번도 경험하지 못한 평안과 만족감이었다.

나빌은 하나님이 헨리나 그의 친구들에게 마치 사랑하는 아버지처럼 가깝고 친밀하다는 것을 느꼈다. 이 하나님은 그들이 마음을 터놓을 수 있는 분이자, 일상적이며 극히 개인적인 요구 사항까지 가지고 다가갈 수 있는 분이었다. 이는 실로 충격이었다. 나빌에게 기도란 언제나 정해진 방식대로 행해야 하는 의식이었다. 거기에는 "왜?"라는 질문이 받아들여지지 않았다. 기도는 하나님이 명령한 것이고, 이는 기도해야 하는 이유의 전부였다. 기도하지 않는 사람에게는 가혹한 처벌이 기다리고 있었다. 나빌은 자기 자신이나 남들에게 필요한 것을 위해 기도해 본 적이 없었다. 그런데 헨리와 그의 친구들에게는 기도가 세상에서 가장 자연스러운 일처럼 보였다.

그들은 사람들을 사랑하시며 현재의 모습 그대로 받아들여 주시는 하나님과 개인적인 관계를 맺는 것에 관하여 이야기해 주었다. 하나님은 이싸가 십자가에서 죽임을 당함으로써 인류의 형벌을 대신 받았기 때문에 사람의 모든 죄를 용서해 주셨다고 했다. 믿기 어려웠지만, 무척 매력적인 주장이었다! 하나님께 점수를 따기 위해 필사적으로 애쓸 필요가 없고, 그날그날의 종교적 의무를 다했는지 염려하지 않고 속 편하게 지낼 수 있으며, 그러면서도 천국에 자기 자리가 보장되어 있다는 확신을 가질 수 있다니! 사실이라고 생각하기에는 너무 좋아 보였.

나빌은 매일 잠자리에 들기 전에 묵주를 짚으며 샤하다˙를 서른세 번씩 암송하곤 했다. 이것은 그가 어릴 적부터 어머니가 가르쳐 주어서 습관처럼 몸에 깊이 배어 있었다. 그가 잠을 자다가 죽는다 해도 그는 분명히 카피르**가 아닌 무슬림으로서 죽는 거라고 어머니가 안심시켜 주곤 했다. 낮에 무슨 죄를 범했든 샤하다는 그날 밤에 그가 착실한 무슬림이라는 것을 확인시켜 주는 것이었다. 나빌은 수개월간 기독교를 탐구해 가면서도 샤하다 암송을 그치지 않았고, 그럼으로써 자신이 여전히 성실한 무슬림이라는 생각을 하며 마음을 놓았다.

헨리가 긴 여름휴가를 떠날 시기가 다가왔다. 떠나기 전에 헨리는 나빌에게 자기 사업을 살펴봐 주고 이따금 회계 장부를 점검해 달라고 부탁했다. 나빌은 헨리가 그토록 자신을 신뢰해 준 것에 감동했다. 헨리는 나빌을 미국으로 초청하기도 했다. 그러나 나빌은 그렇게까지 하고 싶지는 않았다. 그는 헨리를 공항으로 데려다 주었다. 가는 길에 헨리는 나빌에게 인질이 도무지 이해되지 않더라도 계속 읽어 가라고 권고했다.

"글자 그대로 받아들여요. 무슨 숨은 뜻이 있는지 살펴보려고 할 필요 없어요."

그는 이슬람교가 꾸란의 단어들 뒤에 감추어진 의미를 찾아내기 위해 행간을 살피며 읽으라고 사람들에게 가르친다는 것을 알고 있었다.

---

* 샤하다*Shahada*: 이슬람교에서 "알라 외에는 신이 없으며, 무함마드는 그분의 사도이다"라고 하는 신앙고백.
** 카피르*Kaffir*: 이슬람교에서 불신자, 이교도, 변절자를 가리키는 말.

헨리가 자리를 비우자 나빌은 자신의 삶에 구멍이 난 것처럼 느껴졌다. 헨리가 그리웠고, 이제 여유 시간에 스스로 무엇을 해야 할지 생각이 떠오르지 않았다. 헨리와 함께 시간을 보내는 것에 너무도 익숙해져 있었기 때문이다.

몇 달 뒤, 나빌도 장기 휴가를 받았다. 그런데 나빌은 어느 순간 번뜩 떠오른 생각대로 미국에서 휴가를 보내기로 했다! 보스톤에서 공부하고 있는 옛 학교 친구 카말을 만나기도 하고, 어쩌면 헨리를 방문할 수도 있겠다 싶었다. 시리아인이 미국 비자를 받는 것은 시리아에서보다 아랍에미리트에서 훨씬 수월했다. 나빌의 회사는 그의 휴가 비용의 절반을 흔쾌히 부담해 주기로 했다.

나빌은 두바이를 출발하여 뉴욕의 케네디JFK 공항으로 날아갔다. 이어서 버스를 타고 보스톤으로 갔다. 카말이 마중 나와 자기 아파트로 나빌을 데리고 갔다. 나빌은 카말의 집에 머물면서, 서로 떨어져 지낸 세월 동안 일어난 일들을 낱낱이 이야기하며 즐거운 시간을 보냈다. 나빌은 헨리를 방문하려고 연락을 시도했지만, 그가 출장 중이어서 만날 기회를 잡을 수 없었다.

어느 날, 카말의 친구이자 레바논 출신의 기독교인인 조셉이 카말의 집에 찾아왔다. 이야기 도중 조셉은 전에 자기가 했던 일을 나빌에게 말해 주었다. 그 일은 베이루트의 여러 감옥에 갇혀 있는 죄수들을 방문하여 예수를 전한 것이었다. 나빌은 기겁을 했다.

"그 사람들은 죗값을 치르고 있는 거잖아요. 그들이 감옥에 들어간 것은 하나님께서 하신 일입니다. 그분의 뜻에 의한 것이지요. 죄인들이 벌을 받는 것은 당연한 일인데, 왜 그런 사람들에게 관심을 쏟는 겁니까?"

"아니, 그렇지 않아요. 하나님께서는 여전히 그 사람들을 사랑하시고, 그들을 구원하기를 원하세요. 하나님은 그들을 위해 좋은 계획을 갖고 계십니다."

조셉이 말했다.

"하나님께서는 그들에게 절대로 좋은 것을 주시지 않아요. 그 사람들이 죄를 범했기 때문에 징벌하고 계신 겁니다."

나빌이 반박했다.

그러자 조셉은 더 나아가 예언자 무함마드에 대하여 불손한 이야기를 했다. 이에 분개한 나빌은 하마터면 자제심을 잃을 뻔했다. 조셉이 예언자 무함마드가 비천한 가문 출신의 형편없는 사람이라는 투로 넌지시 말을 꺼냈을 때 그를 후려치고 싶은 충동을 느낀 것이다.

나빌이 소리쳤다.

"잠깐만요. 당신, 지금 제정신입니까? 무함마드는 꾸라이쉬 가문 출신이며, 그 가문이 메카에서 가장 지체 높은 집안이었다는 것은 세상이 다 아는 사실입니다. 그런데 당신이 이런 식으로 사실을 왜곡한다면 어느 무슬림도 당신 말을 들으려 하지 않을 겁니다."

며칠 뒤, 다른 레바논 사람이 아들과 함께 카말의 집을 방문했다. 스티브 메일러라는 미국인 친구가 그들과 동행하여 왔다. 아랍 문화의 관례에 따라 모두들 커피를 마시며 한담을 나누었다. 나빌은 스티브에게 깊은 인상을 받았다. 그를 보고 있자니 헨리가 연상되었다. 스티브는 무슬림 국가에서 오랫동안 일한 경험이 있어서 무슬림들의 사회 구조와 문화에 관해 잘 알고 있었다. 그는 헨리처럼 말씨가 부드러웠다. 나빌은 스티브도 틀림없이 헨리와 신앙이 비슷할 거라고 생각했다. 자리를 뜨기 전에 스티브는 나빌이 이튿날 뉴저지에 있는 자기 집을 방문할 수 있도록 신경 써 주었다.

이튿날이 되자, 카말이 나빌을 스티브의 집으로 데려다 주었다. 두 사람은 종교에 관해 장시간 대화를 나누었다. 나빌은 자신의 상황과 영적 탐구 과정을 설명하고, 이제 두 가지 신앙에 끼인 상태로는 그저 옛날처럼 살아갈 수 없겠다고 털어놓았다. 그는 가족을 사랑하며 자신이 속한 무슬림 문화와 사회도 사랑하지만, 메시야 이싸가 하나님께로 가는 유일한 길이라는 사실을 벌써 받아들이고 있었다. 스티브는 이싸가 육신으로 오신 하나님으로, 용서 받을 자격이 없는 모든 죄인들을 대신하여 자신을 완전한 희생 제물로 내어 놓으신 분이라는 것을 설명해 주었다. 종교적인 의무라는 것은 거룩한 하나님의 심판으로부터 아무도 구해 내지 못한다. 모든 사람은 자기와 하나님을 화해시킬 중재자가 필요하며, 이 중재자가 바로 이싸다. 이싸는 죽음으로써 자신을 믿는 모든 사람들에게 하나님의 용서를 가져다주신 분이라는 것이다.

"스티브. 지금 말씀하신 모든 것을 정말로 믿습니다. 저도 이싸를 따르는 참된 신자가 되고 싶습니다."

나빌이 입을 열었다.

"젊은 친구, 너무 서두르진 말게. 우선 자네의 생각을 놓고 기도부터 한 뒤에 하나님께서 우리를 어떻게 인도해 주시는지 보기로 하세."

스티브가 대답했다.

두 사람은 함께 기도했다. 그리고 나서 나빌은 카말의 집으로 돌아왔다.

미국에서 45일을 보낸 나빌은 마침내 두바이로 향했다. 하지만 비행기에 앉아서도 여전히 극심한 혼란을 떨쳐 버릴 수 없었다. 깊은 고민에 빠진 그는 속으로 울면서 하나님께 인도해 달라고 호소했다.

"이대로 계속 버틸 수는 없어요. 위장된 삶을 살고 싶지 않아요. 저는 형과 모스크에 갈 수도 없고, 어머니 앞에서 착실한 무슬림인 척하며 아무것도 변하지 않은 것처럼 대화할 수도 없어요. 어떻게 낮에는 무슬림으로 살고 밤에는 이싸에게 기도할 수 있겠어요? 제가 어찌해야 할지 제발 가르쳐 주세요."

두바이에 도착한 나빌은 곧 이전처럼 회사에 출근하고 여가도 즐기는 등 일상적인 생활로 돌아왔다. 그러나 거의 평안을 누릴 수 없었다. 어느 날 밤, 나빌은 도저히 잠을 이루지 못하자 산보하러 아파트를 나섰다. 그는 현 상황을 정면 돌파해야 한다는 것을 알고 있었다. 이중생활을 할 수는 없는 노릇이었다. 어두운 길거리를 걷던 나빌은 마침내 단호하게 결심했다. 이싸를 믿고 있고, 자신의 죄를 위해 이싸가 돌아가셨다는 사실을 받아들이지 않았던가! 이제 이 메시야를 따르는 진정한 신자로서 설 때가 온 것이다.

이것은 그의 인생을 송두리째 바꾸어 놓을 중대한 결정이었다. 비록 당시에는 자신의 상황이 앞으로 얼마나 힘들게 전개될지 예견할 수 없었지만 말이다. 일단 결심하고 나자, 나빌은 마음이 가뿐해졌다. 여태 살아온 동안 지금처럼 행복한 순간은 단 한 번도 없었다. 나빌은 자기 자신을 대해서나 하나님과의 관계에서도 더할 나위 없는 평안을 실감했다. 그는 올바른 선택을 했음을 깨달았다!

아파트로 돌아온 나빌은 잠들기 전에 평소대로 샤하다를 암송했다. 그것은 오랜 세월 묵은 습관이어서 쉽사리 없어지지 않았다. '샤하다를 외지 않고 잠든 다음 아침에 깨어나지 않는다면, 너는 카피르로서 죽은 것이다' 라는 음성이 속삭이듯 들려오는 듯했다. 그는 몇 달이 지나서야 이 밤중 의식을 가까스로 그만둘 수 있었다.

친구 헨리가 두바이로 돌아오자, 나빌은 자신이 내린 결정을 그에게 들뜬 마음으로 알려 주었다. 하지만 이상하게도 헨리는 그다지 기뻐하지 않았다. 그는 나빌이 너무 서두르는 것 같다고 느꼈다. 무슬림 사회에서 그러한 결정에 얼마나 무서운 결과가 따르는지 나빌보다 잘 알고 있는 헨리는 무엇보다도 나빌이 걱정되었다.

"나빌, 실수한 거예요. 무슬림으로 남아 있으면서 동시에 이싸를 섬길 수 있을 텐데요. 그 점은 하나님도 이해해 주시리라 봐요. 개종한 것을 사람들이 알게 된다면 상황이 몹시 어려워질 겁니다."

하지만 나빌은 물러서지 않았다. 이슬람교를 믿는 사람들은 수백 번이나 무함마드의 이름을 언급하며 그를 축복하고 그를 위해 기도해 주어야 한다. 그리고 하나님께 나아가는 것은 인간 자신의 능력이나 헌신적인 행위를 통해서지, 모든 문제를 해결해 놓았다는 어떤 중보자를 통해서가 아니라고 무슬림들은 믿는다. 이슬람교에서는 하나님이 아들을 가질 수 있다는 것을 부인하도록 명령하고 있다. 그렇다! 나빌은 무슬림으로 살면서 이싸를 예배할 수는 없는 것이었다.

헨리는 나빌의 결정에 동의하지는 않았지만, 그에게 든든한 우군이 되어 주었다. 우선 많은 시간을 나빌과 보내며 같이 기도하고, 이싸의 진정한 신자가 된다는 것이 무엇을 의미하는지 이해할 수 있도록 인질을 읽고 설명해 주었다. 나빌은 이 시간이 참 즐거웠다. 그런데 인질에서 토라*로 넘어가면서 나빌은 충격을 받고 말았다. 토라의 모든 내용이 아랍인들의 철천지원수인 이스라엘에 관한 것 아닌가! 어떻게 하나님이 이스라엘에게 그토록 많은 약속과 특혜를 주실 수 있단 말인가? 물론 이슬람교는 하나님이 유대인들에게 토라와 자부르**를 계시해 주셨으며 모세를 비롯한 위대한 예언자들이 유대인에게서 나왔다는 것을 인정한다. 하지만 유대인들은 하나님께 불순종했으며 거룩한 경전들을 변조해 놓았고, 바로 이런 일들 때문에 하나님은 그들에게 진노하셔서 징벌을 내리셨다. 그리고 하나님은 당신의 최종 예언자인 무함마드를

---

• 토라 *Tawrah*: 이슬람교에서 구약성경의 모세오경을 일컫는 말. 드물게는 구약성경 전체를 지칭하기도 한다.
•• 자부르 *Zabur*: 구약성경의 시편을 가리킨다.

아랍 민족에게 보내서 마지막이자 진정한 경전인 꾸란을 주셨다.

나빌은 구약성경이야말로 하나님이 옛적에 어떻게 인류를 이끌어 오셨는지에 대한 진실된 기록이며 꾸란의 주장이 사실과 다르다는 것을 인정하기가 어려웠다. 더욱이 구약성경의 전반적 흐름은 정치적으로 매우 민감한 것으로, 현대의 팔레스타인 문제와 관련해 아랍권에서 발생하는 복잡한 정서와 너무도 깊게 연관되어 있었다. 하나님이 나빌의 생각을 바꾸시는 데는 시간이 좀 필요했다. 마침내 나빌은 창세기부터 요한계시록까지 성경 전체가 하나님의 거룩한 책이라는 사실을 받아들였다.

나빌은 이싸를 믿게 된 다음부터 자신의 성격이 변하고 있음을 느꼈다(아니, 누군가가 그의 성격을 바꿔 놓고 있는 것 같았다). 이제 나빌은 기도하고 성경을 읽으면서 시간을 보내고 싶어졌다. 이것은 그가 전에 이슬람교를 믿으면서 느낀 압박감이나 의무감과는 달랐다. 오히려 즐겁기 그지없는 것이었다. 기도할 시간이 되었는지 확인하려고 시계를 볼 필요도 없었다. 기도할 마음이 동하면 그냥 언제든지 하나님과 대화를 나눌 수 있게 되었기 때문이다. 이제 기도는 해야 하는 것이 아니라, 하고 싶어서 하는 것이 되었다. 그는 너무도 기뻤다. 자기 상실과 무의미한 삶을 뒤덮고 있던 과거의 공허감이 난생처음 사라져 버린 것이다.

여전히 나빌은 이슬람 국가에서 살면서 이슬람 출판사의 지배인으로 일하고 있었다. 그의 개종 사실을 아는 사람은 없었다. 그는 자기만의 공간인 아파트에서 밤마다 성경을 읽고 기도했다. 그러나 자기가 새로 받아들인 신앙에 대해 남들에게는 철저히 비밀로 해 두었다. 행동거지도 수상해 보이지 않도록 조심했다. 그럼에도 안와르와 아흐마드 사장은 그에게서 모종의 변화를 눈치 채고 말았다. 그들은 나빌이 모스크를 등한히 하고 있음을 알아차렸다. 한번은 안와르가 나빌의 아파트에 예고 없이 들렀을 때 집안에 인질이 놓여 있는 것을 보았다. 안와르는 몹시 기분이 언짢았다.

아흐마드, 안와르와 나빌 사이에 격렬한 말다툼이 있던 날, 사태는 최악으로 치달았고, 그 결과 나빌은 아무런 보수나 보상을 받지 못한 채 회사에서 해고되고 말았다. 이 일이 있기 전에 나빌이 두바이 주재 시리아 영사를 통해 병역 의무 면제에 필요한 조치를 재빨리 취해 놓은 것은 천만다행이었다. 말다툼이 있고 나서 안와르가 곧바로 다마스쿠스에 있는 부모에게 전화를 걸어 나빌이 변했다고 알렸기 때문이다. 부모는 걱정이 이만저만이 아니었다. 페루즈는 둘째 아들이 여전히 무슬림이라는 것을 다짐받고 싶어 나빌에게 여러 차례 전화를 했다. 그리고 그때마다 이렇게 부탁하곤 했다.

"나빌, 지금 샤하다를 암송해 보거라. 네가 암송하는 것을 내 귀로 직접 듣고 싶구나."

나빌은 그 부탁을 들어 드렸다. 어머니의 마음을 상하게 해 드리고 싶지 않았기 때문이다.

페루즈가 말을 계속했다.

"네가 기독교인이 되었다는 소리를 들었다. 그게 사실이냐? 어째서 집안에 성경을 들여놓았니? 꾸란으로 충분하지 않더냐? 네가 정말로 기독교인이 되었다면, 그 순간부터 넌 내 아들이 아니다. 난 널 내 마음에서 지워 버릴 것이다."

이것은 독실한 무슬림이라면 가장 심한 위협을 느끼게 되는 말이다. 무슬림들은 부모의 축복 없이는 천국에 들어갈 희망을 갖지 못하기 때문이다.

나빌이 샤하다를 암송하는 것을 듣고 페루즈는 다소 마음을 가라앉혔다. 그러나 하십과 안와르는 쉽사리 속아 넘어가지 않았다. 하십은 나빌과 직접 접촉하려 하지 않았다. 그 대신 안와르를 시켜, 자기가 크게 충격 받았으며 나빌이 개종하면 가만 두지 않겠다는 말을 전하게 했다. 아버지의 완강한 태도에 나빌은 속이 쓰렸다.

꽃

여기까지가 폴란드행 비행기에 앉은 나빌의 머릿속에 되살아난 기억들이다. 나빌은 안전벨트를 맸다. 안도의 한숨이 나왔다. 이제 드디어 이 모든 것에서 벗어나게 된 것이다.

## 9. 폴란드에서의 로맨스

'이슬람출판'에서 근무하는 동안, 나빌은 자사가 발간한 최고급 특별판 꾸란의 판매를 추진하기 위해 여러 나라로 출장을 다녔다. 이 일은 모든 부분에서 세심한 주의를 요하는, 어렵고도 큰 규모의 프로젝트였다. 꾸란이라는 것은 오자가 하나라도 발견되면 그 인쇄물 전체가 폐기되어야 하는 책이다. 그러므로 이 특별판은 제일 작은 모음 부호에 이르기까지 모든 것이 완벽해야 했다.

아흐마드는 영어를 하지 못했기 때문에 나빌에게 권한을 주어 아랍어권 이외의 나라에 가서 영어를 사용하는 업자들과 협상을 벌이게 했다. 이에 따라 나빌은 레바논, 스페인, 프랑스, 독일, 인도 등지로 날아가 프로젝트를 추진하게 된 것이다.

한번은 나빌이 동료들과 유럽 출장 중에 연결 항공편을 기다리며 폴란드의 바르샤바에 며칠 머문 적이 있었다. 그런데 나빌의 한 동료가 제안하기를, 공항 부근에 있기보다는 기차를 타고 크라쿠프라는 도시로 가 보는 게 어떻겠냐고 했다. 그곳에 유학 중인 사촌이 있다는 것이었다. 나빌은 그러자고 했다. 그 사촌은 그날 저녁에 자신이 참석하기로 한 파티에 방문객들을 초대했고, 이에 다들 흔쾌히 동의했다. 파티에서 나빌은 레나타라는 폴란드 아가씨를 소개받았다. 레나타는 큰 키에 웃음을 머금은 짙은 갈색 눈의 멋진 여성이었다. 나빌은 첫눈에 그녀에게 반해 버렸다!

사실 나빌은 어머니의 끊임없는 압력에도 아랑곳하지 않고 결혼에 대한 생각을 몇 년째 거부해 오던 터였다(어머니는 나빌을 보러 두바이로 올 때마다, 그에게 관심을 가진 적합한 혼처들에 대한 새로운 소식을 가지고 오곤 했다). 그런데 레나타를 만나고 나자 생각이 완전히 바뀌었다. 결혼에 대한 거부감이 사라지면서, 머릿속에 레나타 생각만이 가득 찼다. 레나타도 나빌에게 마음이 쏠려 있는 것 같았다. 그가 무척이나 부유한 아라비아 만에서 온, 잘생기고 신비한 구석이 있는 이방인이었으니 말이다! 두 사람은 각자가 어떤 사람이며 무슨 일을 하고 있는지에 관해 이야기를 나누었다(레나타는 크라쿠프 지방 관청에서 선임 비서로 근무하고 있었다). 나빌은 기회를 놓치지 않고, 그녀를 바로 다음 날 저녁 식사에 초대했.

이튿날, 두 사람은 근사한 저녁 식사를 함께했고, 레나타는 나빌을 위해 크라쿠프의 여러 명소들을 안내해 주었다. 나빌은 전형적인 아랍 관습에 따라 바로 그 자리에서 레나타에게 청혼했다.* 그녀가 깜짝 놀라 멈칫했다. 일이 너무 빠르게 진행되는 것 아닌가? 레나타도 나빌에게 사랑을 느끼기는 했지만, 신중하게 생각해 볼 시간이 필요했다. 결국 두 사람은 예비 약혼이라는 것을 하기로 합의했다. 서로에 관해 더 알아 가는 동안 각자의 솔직한 감정을 점검해 볼 여유를 갖자는 것이었다.

레나타는 어머니에게 나빌을 인사시키고, 직장 동료들에게도 소개해 주었다. 모두들 나빌을 좋게 보았다. 주소를 교환하기까지 했다. 나빌이 두바이로 돌아온 후, 두 사람은 정기적으로 편지를 보내고 전화도 수시로 하는 등 꾸준히 연락을 주고받았다.

✦

나빌이 폴란드에서 휴가를 보내고 있을 때였다. 두 사람 모두 결혼할 마음이 갖춰졌다고 느낀 것은 그리 오래지 않아서였다. 그들은 결혼에 필요한 허가를 받기 위해 공적 절차를 밟기 시작했다. 하지만 자기들이 아주 특이한 상황에 놓여 있다는 것을 곧 알게 되었다. 나빌과 레나타 모두 지나칠 정도로 세상 물정에 어두운 사람들이었다. 상대방의 배경과 문화에 관해서나, 자신들이 얽혀 들고 있는 미로같이 복잡한 정치적·법적 문제에 관해서나 아는 것이 거의 없다시피 했다. 알고 있는 것이라고는 서로 사랑하고 있다는 사실뿐이었으며, 그 사랑이 모든

---

• 아랍 사회에서는 부모가 자녀들의 중매를 서는 것이 관습이며, 결혼 전까지 당사자들의 연애 기회가 거의 없다. 나빌의 경우, 연애 기간을 갖지 않고 곧바로 청혼을 했다는 점에서 이 책은 그의 행위를 아랍 관습에 맞는 것이라고 설명한다.

장애물을 능히 극복해 낼 수 있을 것이라 확신하고 있었다.

레나타는 전통적으로 독실한 로마카톨릭 집안 출신이었다. 가족이 많았는데, 서로 가깝게 지내며 자주 시간을 함께 보냈다. 그녀의 가족은 모두 나빌을 좋아했고 그가 선량한 사람이라 여기고 있었지만, 작고 외진 사회에서 사는 사람들이 으레 그렇듯이 외부인을 신뢰하지 않았다. 그들은 레나타에게 이렇게 말하곤 했다.

"그 사람은 무슬림이야. 틀림없이 두바이에 부인을 여럿 두고 있을 거야. 그리고 자기가 내키면 아무 때나 너하고 이혼할 수도 있어. 결혼 조심해야 한다!"

나빌과 레나타는 정말 놀라운 방법으로 대화를 이어 갔다. 레나타는 영어가 매우 서툴렀다. 학교 다닐 때 배우기는 했으나, 나빌을 만나기 전까지 사용해 본 적이 없었다. 게다가 아랍어도 몰랐다. 두 사람은 처음에는 통역해 줄 친구들에게 도움을 청해야 했지만, 얼마 후에는 자신들이 직접 수화를 고안해서 사용했다. 더 나아가 나빌은 폴란드어를 배우기로 결심하고 온 정성을 기울였다. 얼마나 열정을 쏟았던지 짧은 시일 안에 간단한 의사소통은 할 수 있을 정도가 되었다. 동시에 레나타도 영어 실력을 키우기 위해 열심히 노력했는데, 아무래도 진도는 느렸다.

나빌은 자신이 예수 안에서 새로 발견한 신앙에 관해 레나타에게 설명해 주려고 애를 썼다. 그러나 의사소통이 쉽지 않았다. 더욱이 레나타는 무슬림인 나빌이 예수를 믿고 있다는 말을 듣고 기쁘기는 했지만, 그가 신실한 카톨릭 신자들이 금기시하는 여호와의 증인 같은 위험한 이단에 빠져 있는 것이 틀림없다고 생각했다. 레나타와 그녀의 가족에게는 로마카톨릭만이 기독교에서 단 하나의 진정한 교회이며, 참된 믿음과 구원의 유일한 원천이었다. 그들은 무슬림인 나빌이 어떻게 해서 기독교인이 될 수 있었는지 의아하기만 했다. 그리고 나빌에게 카톨릭 교리를 몇 가지 설명해 주려고 했지만, 별 효과는 없었다. 나빌은 기독교에 분파가 있다는 사실에 혼란스러워 했다. 그때, 믿음의 최종적 권위는 성경에 있으니 성경을 굳게 붙들라던 헨리와 스티브의 조언이 기억났다. 나빌은 카톨릭의 일부 의례가 성경의 가르침과 거의 관련이 없다는 사실을 깨달았다. 그리고 두 미국 기독교인 친구들과 전화와 편지로 계속 연락을 주고받았다. 그들은 나빌더러 자신의 신앙을 레나타에게 들이대듯 하지 말고 하나님께서 그분의 때에 맞춰 일을 해결해 가시도록 기다리라고 충고했다.

한편 나빌은 자신과 레나타의 관계를 가족에게는 비밀로 해 두려고 신경을 썼다. 하지만 그가 레나타를 처음 만나고 얼마 지나지 않았을 때였다. 나빌의 시리아인 친구 중에 두바이에 살면서 나빌과 그녀의 관계를 잘 알고 있던 사람이 시리아로 돌아가서는 하십과 페루즈를 방문했다. 그리고 나빌이 기독교에 기울어져 있으며 애인까지 생겼다고 알려 주었다. 나빌의 부모는 화가 치밀었다. 나빌이 기독교를 믿는 여자와 결혼하려고 하는 것 때문이 아니었다(그것은 이슬람법이 허용하는 것이다). 그보다는 나빌의 자식들, 그러니까 마다니 가문의 이름을 지닌 그들의 친손자손녀들이 무슬림이 아닌 기독교인으로 자라날까 봐 걱정되어서였다. 이 생각을 하니 화가 난 것이고, 설상가상으로 기독교에 대한 나빌의 관심이 심각한 수준일 거라는 의구심으로 감정이 격앙되었다.

나빌은 부모에게 자신의 상황을 해명하는 짤막한 편지를 썼다. 레나타의 사진도 동봉했다. 그의 부모는 나빌의 편지에 냉담한 반응을 보였다. 그들이 보기에 레나타가 나빌의 짝으로는 나이가 너무 많았다(사실은 레나타가 나빌보다 세 살 적었다. 그러나 아랍 문화에서는 나이 차가 다섯 살 이상 나는 것을 선호한다). 나빌의 부모는 나빌이 어리석은 관계를 맺고 있다고 생각했다. 시리아에서 가장 지체 높은 가문들 출신의 처녀 중에 골라서 결혼할 수 있는 아들이 왜 하필 외국인, 그것도 기독교를 믿는 사람을 고집하는지 도무지 납득이 되지 않았다. 하십 부부는 어떻게든 나빌을 꾀어서 다마스쿠스로 다시 데려오려고 무진 애를 썼다. 그들은 나빌이 돌아오기만 하면 그가 맘에 들어 하는 시리아 처녀와 맺어 주겠다고 약속했다. 하지만 나빌은 응하지 않았다. 본가로 돌아갈 경우 엄하기만 한 아버지가 무서웠고, 끊임없는 감시 아래 놓이게 될 것이 두려웠던 것이다. 더욱이 그는 무슨 일이 있어도 레나타와 결혼하기로 이미 마음을 정한 터였다. 하십 부부는 아들의 결심이 확고한 것을 알고는 나빌을 시켜 레나타가 이슬람교로 개종하도록 해 보려고 했다.

그녀가 개종한다면 그들은 기쁜 마음으로 며느리로 받아들일 생각이었다. 그뿐만 아니라 나빌과 레나타가 자기들과 함께 살 수 있게끔 잘 챙겨 줄 마음도 있었다. 그들은 손자손녀들이 확실한 무슬림으로 자라가도록 하기 위해 어떤 일이든 기꺼이 할 작정이었다.

결혼 허가를 발급받는 절차는 무려 18개월이나 걸렸다. 시리아 당국에서 산더미 같은 양식과 자료를 요구했다. 레나타는 자신이 유대인 혈통과 무관하다는 것을 입증하기 위해 여러 대에 걸친 조상의 족보를 구비하여 일일이 아랍어로 번역해서 제출해야 했다. 모든 서류들은 결혼 허가 신청을 위해 먼저 다마스쿠스로 보내졌다가 바르샤바로 반송되었다. 악몽 같은 관료주의 행정이었다. 견디다 못한 나빌은 아버지가 쓰던 요령을 동원하기로 했다. 영향력 있는 사람들을 활용하자는 것이었다. 나빌이 고등학교 때부터 사귄 친구가 다마스쿠스에 살고 있는데, 이 친구는 대통령의 아들과 가까운 사이였다. 관료주의 행정의 미로에서 방법을 찾지 못하던 나빌은 좀 도와달라고 친구에게 사정을 했다. 친구는 친절하게 그러마 하고, 대통령의 아들에게 나빌의 청을 넣었다. 대통령의 아들이 해당 부처에 있는 누군가에게 전화를 하자, 모든 일이 그야말로 기적과 같이 처리되는 것 아닌가!

하십은 나빌이 이런 인맥이 있는 줄 전혀 알지 못했다. 나중에 이 사실을 들은 하십은 노발대발한 나머지 그 젊은이와의 모든 관계를 끊어 버렸다. 그는 결혼 허가가 절대로 발급되지 않고, 그래서 나빌이 제정신으로 돌아와 기독교인 약혼녀를 포기하게 되기를 내심 바라고 있었던 것이다.

마침내 나빌과 레나타는 폴란드와 시리아 양쪽 당국으로부터 결혼 허가를 발급받았다. 그들은 1986년 2월, 크라쿠프에서 일반 예식으로 결혼을 했다. 나빌은 폴란드에 두 달을 머물다가 회사 일을 계속하기 위해 두바이로 혼자 돌아왔다. 그리고 같은 해 12월에 이르러 아흐마드 및 안와르와 격렬한 말다툼을 벌인 것이다. 그때까지 나빌은 자기가 선택한 삶의 방식을 그의 집안이 받아들여 줄 수 있고, 그들 부부가 중동에 자리 잡고 살 수도 있을 거라고 믿었다. 그러나 회사에서 해고 통지를 받았을 때, 그는 자신이 어떤 선택의 기로에 서 있음을 깨달았다. 즉, 어릴 때부터 몸담아 온 사회와 관계를 단절해야 할 때가 온 것이었다. 그는 크라쿠프에 살고 있는 폴란드인 새색시와 합치기 위해 두바이를 떠났다. 때마침 그들의 첫아들 피오트르가 태어날 날이 이르렀다.

※

나빌은 폴란드에서 새로운 삶을 시작하여 일자리도 잡고 정착도 할 수 있게 되기를 희망했다. 그러나 그의 희망은 얼마 가지 않아 산산이 부서지고 말았다. 거주 비자를 받을 가능성이 없는 것이 분명해졌기 때문이다. 관광객 신분인 나빌은 공용 환율로 하루에 15달러를 환전해야 했다(이것은 암시장에 가면 훨씬 많은 폴란드 돈을 받을 수 있는 금액이었다). 게다가 매달 비자를 갱신해야 했다. 취업도 허용되지 않았다. 그 바람에 그가 저축해 둔 돈은 빠르게 줄어들었다. 그는 생각할 수 있는 모든 방법을 동원해 보았지만 소용이 없었다. 다급한 마음에 나빌은 바르샤바 주재 시리아 대사관을 접촉해서, 자기를 대신하여 폴란드 이민 당국에 압력을 행사해 달라고 부탁했으나 거절당했다. 시리아 영사는 어떤 경우에도 대사관이 폴란드의 내부 문제에 관여할 수 없으며, 나빌이 다마스쿠스로 돌아가는 것이 최선의 길이라고 했다.

폴란드에서 여섯 달을 지낸 나빌은 폴란드 이민국에 찾아가 매달 하던 대로 자신의 관광 비자 연장을 신청했으나 거부당하고 말았다. 폴란드 여자와 결혼한 사실을 내세웠지만 아무 효과가 없었다. 담당자는 강경한 태도로 나빌더러 폴란드를 떠나야 한다고 했다. 그리고 외국으로 나갔다가 폴란드 재입국을 시도해 보라고 했다. 나빌은 하급 공무원이 융통성이 없어서 그런 것이라 생각하고 폴란드 내무부의 더 높은 위치에 있는 사람과 접촉해 보았다. 그러나 돌아오는 답변은 매번 똑같았다. 제 발로 출국하지 않으면 추방될 거라는 말이었다.

이렇게 고통스러운 나날이 계속되는 동안, 레나타는 예수를 향한 나빌의 확고한 신앙에 깊은 감명을 받았다. 그는 많은 시간을 기도로 보냈는데, 그녀는 남편이 하는 기도가 참 진솔하고 수수한 것에 감동을 느꼈다. 무슨 의례도 형식도 없이, 그저 마음을 예수께 쏟아 놓는 것이었다. 레나타는 그가 기도하기 전에 십자가를 긋지도 않고 성모송(聖母頌)을 읊지도 않는 것이 이해되지 않았다. 뿐만 아니라 평신도인 남편이 직접 성경을 읽는 것을 보고 더욱 놀랐다. 사제들만이 그렇게 할 수 있다고 알고 있었으니 말이다.

　결국 나빌과 레나타는 정부 당국의 압박에 손들고 말았다. 대안이 없었기 때문에, 그들은 비행기를 타고 함께 다마스쿠스로 가서 그곳에서 무슨 방도를 찾을 수 있을지 알아보기로 했다. 그들이 폴란드를 떠날 때 피오트르는 겨우 넉 달이 되었고, 레나타는 둘째 아이를 막 임신한 상태였다. 그녀가 중동에 가는 것은 이번이 처음이었다. 레나타는 남편 가족이 그녀 부부를 내쳤다는 것을 알고 있었고, 시부모가 손자를 '구출'하려고 모종의 일을 꾸며 놓았을지도 모른다고 생각했다. 하지만 그녀는 절대로 나빌을 버리지 않겠다고 굳게 다짐했다. 어떤 고난이 닥쳐온다 할지라도 남편 곁에 꼭 붙어 있으리라 마음먹었다.

## 10. 유랑

　나빌은 자기들이 다마스쿠스에 와 있다는 것을 아버지 집에서 알게 될까 봐 몹시 불안했다. 이미 그는 제일 좋아하는 여동생인 아말과 연락을 주고받으면서 안와르의 말을 듣고 부모님이 자기에게 등을 돌리고 말았다는 것을 알고 있었다. 그가 기독교로 개종했고 그럼으로써 이슬람의 배교자가 되었다고 안와르가 일러 바친 것이다. 이슬람 법에 따르면 배교자는 죽임을 당해야 마땅하다. 안와르와 삼촌 무함마드는 하십을 찾아가서, 나빌에게 연락하여 개종을 철회할 기회를 며칠 주고 그가 끝까지 거부하면 어떤 식으로든 그가 죽임을 당하게끔 손을 써 법을 따라야 한다고 다그쳤다. 하지만 페루즈가 완강히 반대하고 나섰다. 그리고 나빌이 외국에 있는 한 그대로 내버려두자고 애원했다. 안와르와 무함마드는 마지못해 물러섰다.
　그러나 하십은 분노를 가눌 수 없었다. 나빌이 가문의 명예에 먹칠을 했고 부친의 자부심에 깊은 상처를 남겼기 때문이다. 부친이 인생에서 소중하게 여기던 모든 것에 자식이 등을 돌려 버린 것이다. 하십은 자신이 친구들에게 조롱거리가 되었으며, 내무부 동료들 앞에서 얼굴을 들 수 없게 되었다고 느꼈다. 그는 이제 나빌을 절대로 아들로 여기지 않을 것이고, 자기 유언장에서 나빌의 이름을 빼 버릴 것이며, 기회만 있다면 나빌의 자녀들을 납치해 데려다가 제대로 된 무슬림으로 키우겠다는 것을 모든 식구 앞에서 선언하듯 단호하게 말했다. 그리고 식구들에게 나빌과의 모든 관계를 끊으라고 명령했고, 그렇게 하지 않으면 가만 두지 않겠다고 경고했다.

나빌과 레나타는 자신들이 다마스쿠스로 가게 된 것을 아무에게도 알리지 않았다. 나빌의 가족에게 비밀로 하기 위해서였다. 레나타는 그들이 피오트르를 빼앗아 갈지도 모른다는 생각에 극도로 스트레스를 받았다. 한편으로는 시댁 식구들을 만나고 싶은 마음도 있었지만, 피오트르 때문에 너무나 두려웠다. 그녀는 시아버지가 아들이 배교했다고 주장하며 시리아에 손자를 강제로 붙들어 놓을 법적인 권한이 있다는 것을 알고 있었다. 피오트르는 나빌의 시리아 여권이 아닌 레나타의 폴란드 여권에 동반자로 올라 있었다. 만약 그녀가 나빌을 두고 급히 시리아를 떠나야 할 경우를 대비해서였다. 다마스쿠스에 도착한 그들은 미리 방을 잡아 놓은 수녀원이 위치한 기독교인 지역으로 택시를 타고 갔다. 이 수녀원은 호스텔로도 쓰이고 있었다.

두 사람은 서방 국가로 갈 수 있는 비자를 얻기 위해 다마스쿠스에 주재하는 많은 대사관들을 찾아갔지만 허사였다. 마지막으로 그들은 키프로스 대사관에 들어갔다. 그곳 영사는 매우 친절하고 이해심이 많았다. 그들의 이야기를 다 듣고 나서 그들 모두에게 열흘짜리 비자를 주기로 했다. 정상적인 절차로 하면 레나타는 바르샤바에 가서 비자를 신청했어야 했다. 또한 영사는 그들이 처한 곤경에 대해 키프로스 이민국에 설명하는 편지를 작성하여 나빌에게 주면서, 키프로스에 도착하면 정치적 망명을 신청하라고 조언해 주었다.

이제 그들은 시리아 출국 비자가 필요했다. 시리아 내무부로 다가가는데 불안감이 엄습해 왔다. 담당 공무원이 세 사람 각각 양식을 작성하라고 했다. 나빌은 국방부에서 받아온 허가증과 아울러, 아내와 아들의 출국 비자를 위해 자신의 서면 동의서를 제출해야 했다. 모든 것이 매우 까다로웠다. 레나타는 너무 긴장한 나머지 어느 순간 울음을 터뜨리고 말았다. 마침내 각 여권에 스탬프가 찍혔고, 나빌 가족은 안도감을 느끼며 내무부 건물을 나섰다. 나빌은 그 안에서 아버지를 아는 사람을 만나게 될지 몰라 겁에 질려 있었다.

다마스쿠스에 온 지 6주가 지날 무렵, 드디어 키프로스의 라르나카로 떠나기 위한 준비가 다 되었다. 그런데 공항 탑승 수속 카운터에서 짐 무게가 초과된 것으로 나타났다. 적지 않은 비용을 물어야 할 상황이었다. 가진 돈이 거의 바닥난 나빌은 공항에서 근무하는 삼촌의 친구를 찾아가 도움을 요청했다. 삼촌 친구가 공항 직원들에게 부탁하자, 직원들이 순순히 짐을 통과시켜 주었다. 그런데 그가 나빌을 만났다고 하십에게 말하겠다며 고집을 부리는 것 아닌가. 그는 나빌의 문제에 관해 전혀 모르고 있었다.

훗날 나빌은 아말에게서, 그가 정말로 하십에게 전화했고 하십이 불같이 화를 냈다는 말을 들었다. 하십은 가족을 다시 불러 모았다. 그리고 만약 나빌의 가족이 다마스쿠스에 온 것을 알았더라면 나빌과 피오트르가 시리아를 빠져나가지 못하게 했을 거라고 힘주어 말했다. 그들의 여권을 취소하고 피오트르를 데려다가 착실한 무슬림으로 바꿔 놓고 싶었다는 것이었다. 그는 이제 나빌이 자기 아들이 아니라는 말을 반복하고는, 감히 나빌의 이름을 다시 입에 올리는 사람은 나빌에게 한 것처럼 가족의 연을 끊어 버리겠다고 했다.

ɯ

키프로스에 도착한 젊은 나빌 부부는 리마솔이라는 도시에서 조그마한 아파트를 임차했다. 나빌이 아말에게 전화를 걸자, 아말은 안와르와 무함마드 삼촌이 다마스쿠스에서 그의 가족을 붙잡지 못한 것을 두고 얼마나 펄펄 뛰었는지 말해 주었다. 그들은 키프로스에 가 있는 나빌의 행방을 추적하려고 계획을 세우고 있었다. 소재가 확인되면 사람을 보내서, 샤리아*에 규정된 대로 그가 개종을 철회할 수 있도록 사

---

* 샤리아 Shari'a: 이슬람교의 법으로, 종교적 의무뿐만 아니라 정치·경제·가정·위생에 이르기까지 사적 생활과 공적 생활의 모든 것을 규율하고 있다.

흘간의 관례적인 말미를 주고, 그가 끝내 불응하면 죽여 버리자는 것이었다. 하십도 이 계획을 승낙한 것 같았다. 그러나 페루즈가 격렬하게 저항하며, 남편이 그 일을 실행에 옮긴다면 함께 살지 않겠다고 으름장을 놓았다. 그러자 하십이 "그놈은 더 이상 우리 자식이 아니오. 그러니 될 대로 되라고 놔둡시다"라며 어깨를 씰룩했다. 결국 잔인한 보복 계획은 없던 일로 했다.

그럼에도 하십은 나빌의 배반을 도저히 잊을 수 없었다. 그는 나빌과 피오트르를 모두 이슬람 신자로 돌이켜 놓겠다고 다짐했다. 그리고 안와르에게 나빌의 자녀들을 납치해 오라는 임무를 맡겼다. 하십은 페루즈에게 한탄을 쏟아놓았다.

"이 모든 일 때문에 내가 직장 동료들 앞에서 낯을 들 수 없게 되었소. 내 아들이 기독교인이 되었다는 것을 사람들이 다 알고 있단 말이오. 우리 가문의 명예에 크나큰 수치요. 나는 그놈에게 모든 것을 다해 주었는데, 그놈은 아비인 나에게 이런 식으로 칼을 꽂았소."

전화로 아말에게 자초지종을 들은 나빌은 슬픔에 휩싸였다. 아버지가 처한 곤경이 이해되었다. 사실 그는 여전히 부모를 사랑하고 있었다. 나빌은 부모가 기독교와 기독교인에 대해 끔찍한 오해와 편견이 있다는 것을 알았다. 하나님만이 그들의 굳어 버린 마음을 바꾸실 수 있을 거라고 생각되었다. 나빌은 자신과 처자식의 안전을 위해 부모와 모든 연락을 끊는 것이 좋겠다고 판단했다.

다음번에 그가 아말에게 전화를 걸었을 때, 아말은 통화를 짧게 하자고 했다. 그녀가 나빌과 소식을 주고받은 것 때문에 남편에게 심하게 야단을 맞았기 때문이다. 남편은 아말에게 전화로든 편지로든 나빌과 절대로 접촉하지 말라고 했고, 그래도 자기 말에 따르지 않으면 이혼하겠다고 경고했다. 나빌은 본가와의 마지막 연결선이 끊긴 것 때문에 무척 슬펐다.

키프로스에 도착한 지 9일 뒤, 나빌 가족은 비자를 연장하려고 모든 서류를 갖추어 리마솔에 있는 이민국을 방문했다. 제복을 입은 담당 직원은 몸집이 크고 콧수염을 텁수룩하게 기른 사람이었다. 그 모습이 나빌의 아버지와 흡사했다. 담당 직원은 나빌이 내민 여권들을 살펴보고는 다마스쿠스의 영사가 보낸 편지를 읽자마자 벌컥 화를 내며 일어섰다.

"이거 안 됩니다!"

그가 고함을 쳤다.

"여기는 평화로운 나라지만, 대단히 미묘한 상황에 놓여 있습니다. 얼마 전에 기독교인들과 무슬림들 간에 내전이 있었어요. 우리는 시리아와 말썽이 생기는 걸 원하지 않습니다."

나빌은 자신이 시리아로 돌아갈 수 없는 사정을 설명했다. 하지만 직원은 나빌이 비자가 만료되는 즉시 키프로스를 떠나야 한다고 강경하게 나왔다.

나빌은 리마솔에 살고 있는 레바논 출신 기독교인의 주소를 갖고 있었다. 미국인 친구 스티브가 전에 그에게 준 것이었다. 에드워드라는 사람이었다. 나빌이 찾아가자, 에드워드는 리처드라는 또 다른 기독교인을 소개해 주었다. 미국인인 리처드는 나빌을 따라 이민국으로 와서, 인도적인 견지에서 나빌 가족의 비자를 연장해 달라고 간청했다. 요지부동이던 담당 직원이 말하기를, 현금으로 보증금 600달러를 가져오면 비자를 열흘 연장해 주겠다고 했다. 리처드는 나빌을 데리고 자기 집으로 가서, 기다리라고 말하고는 은행으로 달려갔다. 조금 뒤 그는 이민국에서 요구한 액수의 돈을 들고 돌아왔다. 나빌은 깜짝 놀랐다. 자신과 전혀 안면이 없는 사람을 위해 아무 조건 없이 그런 큰돈을 선뜻 내줄 수 있다니!

요구한 보증금을 들고 나빌이 이민국으로 달려 들어오자, 직원은 자기 눈을 의심하지 않을 수 없었다. 결국 열흘간의 비자 연장이 이루어졌다.

이제는 무엇을 해야 하나? 이것은 참 중요한 질문이었다. 키프로스에서 외국 기업의 통역원으로 일하는 리처드는 아랍어를 유창하게 구사했고 나빌에게 큰 도움이 되어 주었다. 발이 넓은 그는 나빌에게 도움 줄 방법을 알아보려고 여기저기 전화를 했다. 그중 어떤 사람이 리마솔의 그리스 정교회 주교를 찾아가서 지원을 요청하면 어떻겠느냐고 조언해 주었다. 다음날로 배알拜謁 약속이 잡혀 리처드가 나빌 가족을 주교에게 데려다 주었다. 주교의 저택은 무척이나 으리으리했다.

10. 유랑 **129**

그들은 주교를 만날 때 규정된 의전에 따라 그의 손에 입을 맞추었다. 주교는 매우 친절했으며 호의적으로 그들의 이야기를 들어 주었다. 이야기가 끝나자마자 그는 자리에 앉아 리마솔 이민국의 총책임자에게 편지를 썼다. 나빌 가족이 키프로스에 거주할 수 있도록 비자를 내주기를 부탁하며, 설령 그것이 제반 규칙에 어긋난다 하더라도 그렇게 해 주기를 바란다는 내용이었다! 나빌 가족은 들뜬 가슴으로 저택을 나섰다.

주교의 편지 덕분에 나빌 가족은 추가로 45일간 비자 연장을 받게 되었다. 단 조건이 있었다. 키프로스에 사는 사람이 그들의 모든 체류비, 심지어 의료비까지 부담해 주겠다는 보증을 서야 한다는 것이었다. 리처드가 또다시 진정한 친구의 모습을 보여 주었다. 이튿날 나빌이 모든 서류를 갖추어 이민국으로 들어오는 것을 본 담당 직원은 자기 눈을 믿을 수 없었다. 사실 그 직원은 나빌 가족을 키프로스에서 내보내려 하고 있었다. 이제 나빌 가족은 총 65일간 키프로스에 머물 수 있게 되었다. 그들을 도와주는 이들과 친구들이 어디든지 있는 것 같았다. 이런 비슷한 경우를 이민국 직원은 한 번도 경험한 적이 없었다. 그래서 그는 나빌 가족이 모종의 사악한 정치 집단에 속해 있을 것이라는 확신을 더욱 강하게 품었고, 그래서 이번 연장이 마지막 허가라는 점을 분명히 밝혀 두었다.

나빌은 키프로스에서 취업을 할 수 없게 되어 있었다. 가진 돈이 더욱 줄어들었다. 그는 아흐마드 사장에게도 돈을 받아야 하고 두바이에서 승용차 판 돈도 받아야 했다. 아말이 안와르에게 연락하여 그 돈의 일부를 나빌에게 송금해 달라고 부탁했으나, 안와르는 그런 일에 조금도 나서려 하지 않았다. 그는 나빌이 지금 겪고 있는 모든 어려움은 자업자득에 불과하며, 나빌이 먼저 뉘우치고 잘못을 빌지 않는 한 어떤 식으로도 도와줄 수 없다고 했다.

하지만 리처드는 계속 나빌에게 도움을 베풀어 주었다. 그는 여러 서방 국가의 대사관을 방문하여 나빌 가족의 이민을 받아 줄 만한 나라가 있는지 알아보았다. 하지만 희한하게도 시리아인과 폴란드인의 국제결혼이라는 것이 모두에게 걸림돌이 되었다. 급기야 나빌은 적십자사를 찾아가서 종교 박해를 이유로 망명을 신청했다. 담당 여직원은 동정심을 느끼면서도, 나빌의 경우는 스위스 제네바에 있는 적십자사 본부로 의뢰해야 한다고 했다. 그러자니 결정이 나오기까지는 많은 시간이 걸릴 것 같았다.

"심사가 진행되는 동안 키프로스에서 이분들의 체재 신분은 어떻게 되는 건가요?"

이번에도 나빌과 동행하여 인터뷰에 참석한 리처드가 직원에게 물었다.

"그건 문제없어요. 일단 우리가 망명 신청을 접수하면 그 즉시 이민국은 적십자사의 심사 결과가 나올 때까지 신청자가 거주할 수 있도록 비자를 발급해 주게끔 되어 있어요."

그녀는 나빌에게 이민국 앞으로 작성한 공문을 내주었다.

이번에도 나빌을 맞은 이민국 직원은 처음에 그를 담당했던, 콧수염이 텁수룩한 남자였다. 그 직원은 자기 책상 앞에 다시 마주한 나빌 일행을 보고는 분을 삭이지 못하여 마구 나무랐다.

"이 사람들 순 거짓말쟁이네. 아예 나를 갖고 놀고 있는 거잖아!"

그러나 그는 어쩔 수 없이 나빌 가족에게 적십자사의 결정이 나올 때까지 유효하도록 비자를 연장해 주어야 했다.

비자 문제가 공중에 붕 뜬 채, 3개월이 훌쩍 지나갔다. 이윽고 적십자사에서 연락이 왔다. 나빌을 처음 인터뷰했던 여직원을 찾아가니, 유감스럽게도 제네바 본부에서 그들의 신청을 기각했다고 통보하는 것 아닌가. 나빌은 망연자실했다.

"대체 왜 기각했다는 겁니까?"

친구 리처드가 캐물었다.

"선생님의 경우는 가정의 사적 문제로 분류되었습니다. 본부에서는 이런 경우를 다루지 않습니다. 해당 정부로부터 공식적인 박해가 있는 사안만 심사하는 것이지요. 혹시 선생님이 이런 박해를 받았다는 것을 입증할 수 있습니까?"

직원이 물었다.

"아니, 없어요. 전 시리아를 합법적으로 나왔습니다. 정부는 관련되지 않았다고요. 제가 선택해서 나라를 떠났어요. 제 문제는 우리 집안 때문에 생긴 겁니다."

나빌이 대답했다.

"집안에서 선생님을 어떤 형태로든 협박했습니까?"

직원이 물었다.

"예, 그래요. 제 여동생이 그러는데, 아버지가 저를 배교자로 규정했고, 그런 저한테 이슬람법이 적용되어야 한다고 했답니다. 이 말은 죽음을 의미하는 겁니다."

"그 내용이 서면으로 된 것이 있습니까?"

"아뇨. 전화 통화로 알게 된 거예요."

"부친께 연락하여 글로 적어 달라고 부탁할 수 있지 않을까요?"

직원이 끈질기게 요구했다.

나빌은 웃음이 나왔다. 황당하기 짝이 없는 소리였다! "아버지, 적십자사에서 저를 도와줄 수 있도록 제발 마음을 여시고 저를 협박하는 편지를 써 주세요"라고 부탁하라고? 지금 이 사람들은 어느 세상에서 살고 있는 건가?

직원이 안타깝다는 듯이 말을 이었다.

"우리는 서면 증거가 필요합니다. 혹시 부친이 보낸 것처럼 편지를 쓰고 선생님이 적당히 서명을 하면 어떨까요? 제네바 본부에서 아무도 분간하지 못할 거예요."

그녀는 나빌을 도와주려고 자기 딴에 최선을 다하고 있었다.

리처드와 나빌은 서로 마주보다가 이내 고개를 가로저었다.

"고맙습니다만, 그럴 수 없습니다. 그 방법이 효과가 있다고 해도 저희는 그렇게 하지 않겠습니다."

그녀가 맥 빠진 표정으로 두 사람을 바라보았다.

"죄송합니다. 어떻게든 도움을 드리고 싶어서 그런 거예요. 우리는 서면 증거가 반드시 있어야 합니다."

대화가 더 이상 진전될 수 없을 것 같았다. 직원은 나빌의 건을 이민국에 통보하는 날짜를 10일간 미뤄 놓겠다고 약속했다. 혹시 무슨 수가 생길 것을 대비하기 위해서였다. 그녀는 나빌에게 행운이 있기를 바란다며 문까지 배웅해 주었다.

2주 후, 키프로스 이민국으로부터 나빌에게 편지가 날아왔다.

"마다니 씨, 본 이민국은 적십자사로부터 귀하의 망명 신청이 기각되었다는 통보를 받았습니다. 48시간 내에 키프로스에서 출국하여 주시기 바랍니다."

M

레나타가 임신한 지 4개월이 되었다. 갑자기 리처드의 머리에 절묘한 생각이 떠올랐다.

'임신부가 비행기를 탈 수 있나? 이곳 병원에 아는 의사가 있는데, 한번 물어봐야겠네. 그 친구라면 알고 있을 거야.'

리처드가 전화를 하자, 의사가 대답하기를 키프로스 법률에 따르면 임신 3개월이 넘은 여성은 비행기를 타지 못하도록 규정되어 있다고 하는 것 아닌가! 의사는 이 사실을 명시하여 이민국 앞으로 편지를 써 주겠다고 했다. 리처드와 나빌은 차를 몰고 병원에 가서 편지를 받았다. 그리고 이제 권위 있는 새로운 자료로 무장을 갖추었는지라, 이민국에 있는 그들의 오랜 친구인 콧수염 직원을 향해 자신만만하게 다가갔다.

"마다니 부인은 현재 임신 4개월이므로 비행기를 타고 키프로스를 나갈 수 없습니다. 이것은 이 사실을 증명하는 의사 소견서입니다."

이제 이민국 직원은 거의 폭발할 지경이었다. 그는 의자에서 벌떡 뛰어 일어나더니 두 사람을 향해 그리스어로 욕을 퍼붓고는 이렇게 소리질렀다.

"마다니 씨는 떠나야 합니다. 마다니 부인은 출산 때까지 머물 수 있습니다."

"미안합니다만, 너무 개인적인 차원에서 일을 처리하시는군요. 이건을 니코시아에 있는 본부로 넘기시면 어떨까요."

리처드가 부드럽게 말했다.

무거운 짐에서 벗어난 것처럼 보이는 직원은 그들 앞에 서류철을 집어 던졌다. 나빌과 리처드는 밖으로 나와 곧장 택시를 불러 타고 니코시아로 갔다. 그들은 도착 즉시 이민 사무를 관장하는 최고위 관리를 찾아갔다. 그들 곁에는 리처드의 친구이자 변호사인 키프로스 사람이 함께 있었다. 서류철을 살펴보는 관리가 퍽 친절하게 느껴졌다. 마침내 관리는 수화기를 들고 리마솔 지부로 전화를 걸었다. 두 사람의 오랜 콧수염 친구가 전화를 받았다.

"콜롤롬보 씨. 마다니 씨를 그쪽으로 돌려보낼 테니, 부인이 출산할 때까지 마다니 씨의 비자를 연장해 주시오."

콜롤롬보는 명령을 받으면서 거의 심장마비를 일으키지 않았을까 싶다. 하지만 그가 달리 할 수 있는 것은 없었다. 그는 앙심을 잔뜩 품고 나빌더러 정부가 고용한 의사에게 진단서를 받아 오라고 고집을 부렸다. 이 일은 리처드의 친구 의사가 신속하게 챙겨 주었다. 결국 나빌 가족의 여권에 비자 연장 스탬프가 찍혔다. 나빌과 레나타는 키프로스에 들어온 이후 처음으로 마음을 놓을 수 있게 되었다. 앞으로 5개월 이상을 비자 걱정 없이 지낼 수 있게 된 것이다. 즉각적인 추방 위협이 머리에서 사라진 것이 얼마나 좋은지!

## 11. 리마솔에서의 몸부림

당분간 추방의 두려움은 없어졌다. 그러나 문제들은 또 있었다. 나빌과 레나타에게 돈이 거의 남아 있지 않았다. 키프로스는 생활비가 많이 드는 나라였다. 두 사람은 집세와 전기료, 수도료 등을 내야 했고, 식량은 바닥이 났다. 피오트르에게 먹일 빵과 우유를 사는 것도 힘에 부쳤다. 그들은 마지막 수단으로 밤에 바닷가를 걸어 다니며 관광객들이 버린 빈 병을 모으기 시작했다. 콜라병이든 맥주병이든 뭐든 가리지 않았다. 매일 밤, 비닐 주머니를 들고 해변을 훑으며 최대한 많은 병을 주웠다. 그런 다음 집으로 날라 와서 물로 씻고 집하장에 가져다 팔았다. 병 한 개당 약 1페니가 손에 주어졌다. 병 100개를 주우면 빵 한 덩이와 약간의 우유를 살 수 있을 정도가 되었다.

그들은 건강에도 문제가 있었다. 하지만 병원에 갈 돈이 없었다. 피오트르는 영양실조로 고생하고 있었고, 레나타는 임신 중이라 균형 있는 식사와 정기적인 건강 검진이 필요한 상황이었다. 나빌은 치아 하나가 좋지 않았는데, 너무 통증이 심해서 직접 이를 뽑기까지 했다. 이를 뽑는 것도 고통스러웠지만 치아뿌리의 홈이 감염되어 많이 애를 먹었다.

이 모든 시간 동안 레나타는 나빌을 헌신적으로 지탱해 주었다. 그녀는 피오트르만 데리고 남편을 떠나 배와 기차를 타고 폴란드로 돌아갈 수도 있었으나, 그런 일은 상상조차 하지 않았다. 남편의 신앙이 썩 마음에 들지도 않았고, 지금 자신들을 괴롭히고 있는 뒤죽박죽 같은 관료주의도 납득할 수 없었지만, 그녀는 남편과 함께 있는 것이 자신의 의무라고 생각했다. 나빌은 레나타의 이러한 마음 씀씀이에 깊은 감동을 받았다.

나빌 가족이 리마솔에 온 지 몇 주 후, 리처드와 에드워드는 그들에게 기독교인 모임 하나를 소개해 주었다. 이 사람들은 기도와 성경공부를 목적으로 여러 가정을 돌아가면서 정기적으로 모이고 있었다. 나빌은 이 모임에 참석하는 것을 좋아했지만, 레나타는 꺼려했다. 충실한 카톨릭 신자로 살아온 그녀는 오히려 나빌더러 자신이 갈 만한 성당을 알아봐 달라고 부탁했다. 나빌은 아내를 배려해, 곳곳에 들어선 그리스 정교회 건물들 사이를 살피며 리마솔의 거리를 걷다가 마침내 조그마한 카톨릭 성당을 찾아냈다. 레나타는 반색을 했고, 정기적으로 그곳에 가서 예배를 드렸다.

물론 나빌과 레나타는 몹시 힘들고 불확실한 상황을 거치면서 다투

기도 했고 의견 차이를 보이기도 했다. 때로 이혼 이야기도 나왔다. 그것이 손쉬운 길처럼 보였다. 하지만 그럴 때마다 두 사람은 고생을 함께 헤쳐 나가기로 다짐하며 서로를 받아들였다. 하나님의 은혜였다. 나빌은 기도를 통해 평안을 누렸다. 기도 시간은 그가 하늘 아버지의 임재를 확신하며 그분과 조용히 대화를 나눌 수 있는 때였다. 물질적인 공급이 끊어진 상태에서 기도는 그의 생명줄이 되었다. 그는 자신이 모든 면에서 얼마나 온전히 하나님께 의지하고 있는지 깨달았다. 기도에 대한 하나님의 직접적인 응답은 그의 믿음을 견고하게 했고 그가 하나님을 더욱더 신뢰할 수 있도록 끌어 주었다.

나빌이 기독교인 모임에 참여하면서 알게 된 친구들도 그에게 매우 후하게 대해 주었다. 하지만 자존심 강한 나빌은 경제적으로 절박한 자신의 형편에 관해 솔직히 털어놓을 수가 없었다. 그건 구걸이나 마찬가지였다. 그는 중산층 가정에서 자랐기 때문에, 물질적 필요로 남의 도움을 바라거나 구걸해야 했던 적이 없었다. 도움을 구하는 것은 그의 비위에 거슬리는 행위였다. 나빌은 도움이 필요한 상황에 어떻게 대처해야 할지 정말로 아는 것이 없었다. 그러나 하나님은 그가 이런 기본적인 필요들에 관해 겸손한 자세로 배우도록 해 주셨다.

레나타는 나빌과 달랐다. 그녀는 공산주의 체제에서 자란 사람이었다. 언제나 물자가 부족했기 때문에 그녀는 어릴 때부터 어떤 폐물이라도 최대한 활용할 수 있는 요령을 익혔다. 덕분에 레나타는 시장에 가서 제일 싼 물건들을 구해 올 줄 알았고, 부자들이 내버린 쓸 만한 것들, 심지어 쓰레기통 속에 있는 것을 주워오는 일도 꺼리지 않았다. 이렇게 해서 그녀는 상태가 좋은 고급 장난감들을 피오트르에게 마련해 줄 수 있었다.

어느 날, 기독교인 모임에 있는 친구 에드워드가 나빌 가족이 사는 아파트를 찾아왔다.

"나빌, 잘 지내는가요? 혹시 뭐 필요한 것 있어요?"

"아니, 없어요. 다 괜찮아요."

자존심 때문에 나빌은 구차한 내색을 할 수 없었다.

그 순간 레나타가 왈칵 울음을 터뜨렸다.

"그 말 거짓말이에요."

그녀는 에드워드에게 자신들이 처한 진짜 상황을 털어놓았다.

에드워드가 깜짝 놀라며 말했다.

"나빌, 이건 옳지 않아요. 믿는 사람이 취할 태도가 아녜요. 남한테 도움 받는 것이 자존심 상하는 일이라고 생각하지 말아요."

에드워드는 레바논 사람이기 때문에 나빌의 자세를 어느 정도 이해할 수 있었지만, 서양의 친구들은 그 생각을 전혀 이해하지 못했다. 그 날 이후 기독교인 모임의 회원들은 도움을 주고 싶을 때마다 꼭 레나타를 접촉했고, 그 결과 나빌 가족의 형편은 상당히 나아졌다.

ꕤ

에드워드는 좋은 친구였다. 나빌은 일과가 끝난 뒤 저녁 시간에 가끔씩 그를 방문했다. 두 사람은 에드워드의 집 옥상에 앉아 성경에 관해 이야기를 나누고 함께 기도하는 시간을 갖곤 했다. 나빌은 자신의 새로운 신앙에 대해 질문이 아주 많았고, 에드워드는 대단한 인내심을 발휘하여 최선을 다해서 대답해 주려고 했다. 이렇게 친구와의 조용한 대화를 통해 나빌의 성경 이해력이 놀랄 정도로 향상되었다.

또한 에드워드는 나빌 가족에게 텔레비전을 가져다주면서, 레바논에서 아랍어로 송출되는 기독교 채널인 중동방송을 시청하도록 권했다. 나빌은 매일 방송되는 설교 말씀을 참 좋아했다. 설교가 끝날 때마다 설교자는 청중들에게 함께 기도하자고 했고, 그러면 나빌은 거실 소파 위에서 무릎을 꿇고 기도에 동참했다. 어려운 시기를 지나고 있던 나빌은 이를 통해 놀라운 격려와 가르침을 얻을 수 있었다.

기독교 모임에서 많은 회원들이 레나타가 예수를 인격적으로 믿을 수 있도록 기도해 주었다. 리마솔에 들어오고 나서 처음 몇 달 동안 레나타는 이 모임을 가까이하지 않았고, 피오트르를 착실한 카톨릭 신자로 키우고 싶다고 굳게 결심하고 있었다. 심지어 그녀는 나빌이 집에서 성경 읽는 것을 막은 적도 여러 차례 있었다. 그렇지만 그녀는 남편이 신앙을 위해 기꺼이 고난 받을 태세가 되어 있는 것도 잘 알았다. 하루는 레나타가 이런 말을 했다.

"이건 정말 바보 같은 짓이에요! 왜 이런 심한 고생을 해요? 그냥 이슬람교로 돌아가지 그래요. 시리아로 함께 가서 정상적으로 삽시다. 이런 식으로 무한정 악전고투할 수는 없잖아요."

그러던 그녀가 어느 날 저녁 나빌을 놀라게 했다. 그날 저녁 열리는 기독교인 모임에 함께 가겠다고 말한 것이다.

"에드워드의 부인 로버타가 나를 초대했어요. 가서 사람들과 같이 차를 마시기는 하겠지만, 내가 모임에 들어가는 것은 기대하지 마세요!"

그날 모임에서 레나타는 성경 공부 시간 내내 가만히 앉아 사람들이 주고받는 대화를 귀 기울여 들었다. 그 후에도 그녀는 나빌을 따라 두 차례 더 성경 공부 장소에 갔고, 그 두 번째 공부가 끝난 뒤 에드워드한테 부엌으로 가서 이야기 좀 하자고 청했다. 거기서 그녀는 자기도 이제 나빌처럼 믿고 싶다는 말을 하면서 눈물을 쏟았다. 그녀는 믿기 위해 무엇을 해야 하고, 어떻게 하면 되는지 알고 싶었다. 에드워드는 그녀가 해야 할 일이 하나도 없다고 확신시켜 주었다. 예수를 믿기만 하면 되는 것이었기 때문에, 그가 그녀에게 달리 해 줄 것은 없었다. 어떤 의식도 절차도 필요 없었다. 에드워드와 함께 기도하고, 그녀는 기쁜 마음으로 예수를 자신의 삶에 영접했다.

집에 돌아온 레나타는 그날 밤 울면서, 남편의 신앙을 비난했던 과거 자신의 태도에 대해 나빌에게 사과했다. 참으로 엄청난 변화였다. 이제 예수를 향한 사랑 안에서 부부로 연합된다는 것이 얼마나 놀라운 일인지! 그녀는 정기적으로 성경 공부 모임에 참여하고, 스스로 기도하고 성경도 읽기 시작했다. 나빌과 레나타는 함께 신앙에 관해 이야기하는 것이 서로에게 용기를 북돋아 주는 큰 힘이 되는 것을 느꼈다.

나빌은 리처드를 통해 어느 회사를 소개 받았다. 그 회사는 영어에서 아랍어로 번역한 과학 출판물들을 점검할 아랍어 편집자를 구하고 있었다. 출판사는 나빌에게 문서 편집기를 제공하여 집에서 일할 수 있게 해 주었다. 나빌은 낮에는 레나타를 도와 집안일을 했고, 밤에는 원고 점검을 해 나갔다. 회사는 그가 작업한 결과에 매우 흡족해하며 그에게 은밀히 보수를 지급해 주었다. 그리고 그를 정식 채용하고자 키프로스의 내무부에 나빌의 노동 허가를 신청했다. 그러나 정부의 회신은 부정적이었다. 회사가 이 일에 변호사를 붙였지만, 또다시 신청이 거부되었다. 이유인즉 나빌 가족이 키프로스에 들어올 때(다마스쿠스 주재 시리아 영사가 제안한 대로) 정치적 망명을 신청했다는 것이었다. 이것은 명백한 실수였다. 그러나 당국에서는 지금 이를 구실 삼아 나빌 가족에게 키프로스 거주 자격이나 노동 허가를 내주기를 거부했다. 참으로 맥 빠지는 일이었다.

　나빌은 키프로스에 난민으로 와 있는 수많은 아랍인들을 보면서 더더욱 좌절감을 느꼈다. 이들은 주로 레바논계 및 팔레스타인계였는데, 다들 키프로스에서 이민 자격을 얻거나 일자리를 찾는 데 아무 문제가 없어 보였다. 그러나 키프로스 당국은 웬일인지 나빌의 망명 신청은 일관되게 거부하고 있었다. 당국이 시리아 정부의 반발을 우려하는 것이 분명했다.

⋈

　이후 나빌은 키프로스에 있는 모든 서방 국가 대사관들을 하나씩 찾아다니며 이민 가능성을 타진했다. 캐나다, 미국, 호주, 독일 등이었다. 각 대사관에서는 그가 이민을 신청할 수는 있으나, 신청서가 나빌의 본국으로 송부되어 승인이 나야 하며 절차도 오래 걸릴 거라고 했다. 그리고 절차가 진행되는 사이에 키프로스 정부가 나빌 가족에게 떠나라고 요구하면 아무도 그들을 보호해 줄 수 없다고 했다. 나빌 가족은 신청서를 무수히 작성했다. 그러나 모두 무위로 돌아가고 말았다. 당시 시리아인들은 호전적인 테러 단체들과 시리아의 연계 때문에 서방 세계 어디서도 환영받지 못했다. 상황은 절망적인 듯했다.

신앙 모임에서 나빌은 영국인 부부인 그란트와 에디스를 알게 되었다. 이들은 키프로스의 한 기독교 기관에서 일하고 있었는데, 나빌은 처음부터 이 부부에게 마음이 끌렸다. 뭔가 특별한 것이 이들에게서 느껴진 것이다. 어려운 상황을 맞은 나빌에게 그란트 부부는 많이 신경 써 주었다. 그란트는 자기 기관에 연락하여 회계 경력 직원이 필요한 지부가 있는지 알아보겠다고 약속했다. 이 기관은 전 세계에 지부를 두고 있었다. 이와 별도로 그는 나빌 가족에게 자기 기관이 시행하는 1년짜리 훈련 프로그램에 등록해 놓는 것이 좋겠다고 조언했다. 이 프로그램은 몇몇 서양 국가들이 비서구 출신자들에게 비자를 발급할 때 유효한 자격 조건으로 인정해 주는 것이었다.

몇 주가 채 지나지 않아, 그란트에게 영국 지부에서 소식이 왔다. 회계 직원이 필요하며, 1년간 영국에서 실시되는 훈련 프로그램에 나빌과 그의 가족을 참가자로 흔쾌히 받아 주겠다는 것이었다. 나빌 가족은 이를 위해 키프로스 주재 영국 대사관에 1년짜리 비자를 신청하기로 했고, 영국 지부에서는 나빌 가족이 훈련 프로그램에 등록되었다는 확인서를 영국 내무성에 보냄으로써 나빌의 비자 신청을 뒷받침해 주기로 했다.

나빌 부부와 피오트르는 실낱 같은 희망을 품고 영국 대사관을 향해 떠났다. 믿음직한 리처드가 함께했다. 이번 것은 과연 기도의 응답일까? 정말로 그들에게 문이 열릴까? (1986년 4월, 힌다위Hindawi라는 사람이 시리아 정보국의 지령을 받고 영국에서 이스라엘의 민간 항공기를 폭파하려 한 적이 있었다. 이 사건 직후 영국은 시리아와 외교 관계를 단절해 버렸다.) 영국 영사는 매우 친절했다. 우선 그는 영어가 아직 서툰 레나타를 단독으로 30분 동안 인터뷰했다. 그러고 나서 나빌에게 이렇게 말했다.

"아시다시피 우리 영국과 시리아는 외교 관계가 없습니다. 그래서 선생이 다마스쿠스로 가서 비자를 신청하시길 권하고 싶습니다. 그런데 키프로스에는 얼마나 있었지요?"

"11개월입니다."

"아, 그렇다면 이곳 거주자이시네요."

영사는 나빌이 제출한 서류를 제대로 살펴보지도 않고 말했다.

"이런 경우에는 제가 도와드릴 수 있겠군요. 선생의 신청서를 런던으로 보내고, 답이 오기를 기다립시다. 혹시 선생의 비자 신청 건을 영국에서 보증해 줄 사람이 있으면 도움이 될 겁니다."

나빌 일행은 의기양양하게 대사관을 나섰다. 만약 영사가 나빌 가족의 여권을 꼼꼼히 점검했더라면 그들이 키프로스에 한정된 기간 동안 관광 비자로 와 있다는 것을 발견했을 것이다. 하나님이 그의 눈을 가리신 것이 틀림없었다! 그란트는 자기네 영국 지부에서 영국 내무성에 편지를 보내고 필요한 모든 서류를 갖춰 주도록 해 놓겠다고 약속했다.

몇 주가 지나갔다. 나빌 가족은 영국 비자 소식이 오기만을 기다렸다. 레나타의 출산일이 다가왔고, 제왕절개로 둘째 아들이 태어났다. 나빌은 산모와 아기 모두 건강한 것에 너무나 감사해하며 아이 이름을 마크라고 지었다. 마크가 태어난 지 2주 후, 경찰 두 명이 나빌의 집에 나타났다. 그들 손에는 니코시아의 이민국이 보낸 편지가 들려 있었다. 체류 기간이 다 되었으니 48시간 내에 출국해야 하며, 불응할 경우 체포 및 추방이 따를 것이라는 내용이었다.

상황이 너무 다급해졌다. 하나님이 지금까지 그들을 이끌고 와서는 여기서 내팽개치시겠다는 뜻인가? 이제 어떻게 해야 한단 말인가? 이번에는 리처드와 그란트도 손을 쓸 방도가 없었다. 그들은 또다시 여러 대사관을 찾아갔지만 답변은 한결같았다. 시리아인의 경우, 입국 비자를 처리하는 데 최소 6개월이 걸리리라는 것이었다.

리처드가 낙심천만한 표정으로 말했다.

"나빌, 그리스 대사관으로 가 봅시다."

그들은 서둘러 발걸음을 옮겼다. 시간은 금요일 오후였고, 대사관은 주말을 앞두고 막 문을 닫으려던 참이었다. 리처드가 미국인 특유의 쾌활한 태도로 영사를 만나고 싶다고 요구하자, 그 말이 통했다. 그는 영사에게 무용담 같은 나빌의 삶을 이야기해 주고는, 나빌의 가족에게 그리스 관광 비자를 발급해 달라고 부탁했다.

"시리아인이라면 서면으로 비자 신청을 하고 절차가 끝날 때까지 기다리셔야 합니다."

영사는 이렇게 말해 놓고는, 갑자기 무슨 생각이 들었는지 사진과 수수료를 갖고 왔느냐고 물었다. 그녀는 나빌 가족의 여권에 스탬프를 찍고 유효기간 30일의 관광 비자를 내주었다. 그리고 나빌에게 여권을 건네면서 이런 말을 했다

"마다니 씨, 저는 그쪽에 대해 아무것도 모릅니다. 그런데 제가 아테네로부터 승인을 먼저 받지 않고 이렇게 비자를 내 준 것은 평생 처음입니다."

"정말 고맙습니다. 영사님을 실망시켜 드리지 않겠습니다."

한마디로 기적이었다! 나빌 부부는 집으로 급히 돌아와서 배로 가져갈 수 있는 만큼 짐을 꾸렸다. 리처드가 그들 가족을 차에 태워 리마솔 항으로 데려다 주었고, 그들은 그리스로 곧 떠나려는 연락선에 올랐다.

때는 1989년 5월 말이었다. 찌는 듯한 날씨였다. 나빌 가족은 그 동안 긴장 속에 살며 부산하게 뛰어다니느라 녹초가 되어 있었다. 둘째 아이는 3주가 채 되지 않았고, 레나타는 출산 후 통증과 피로로 쇠약해 있었다. 뱃삯을 치르고 나니 돈도 거의 남지 않았다. 하지만 적어도 그들 앞에는 또 한 번의 기회가 놓여 있지 않은가!

## 12. 터널 끝에 빛이 보이다

항해는 순조로웠다. 나빌과 레나타는 갑판에 앉아 물결이 멀어져 가는 모습을 바라보았다. 그들은 아무 음식도 살 수 없었다. 돈이 조금밖에 남지 않은데다가, 어떻게 될지 모르는 앞날을 위해 아껴 두고 싶었기 때문이다. 레나타는 갓난 마크에게 젖을 먹이고, 몸 안에 남은 젖을 젖병에 몰래 짜 두었다. 거기에 설탕과 물을 섞어 피오트르에게 주었고, 피오트르는 출처도 모른 채 맛있게 먹었다. 레나타가 마크와 시간을 보낼 수 있도록, 나빌은 피오트르를 데리고 놀아 주기도 하고 배 안을 함께 거닐기도 하면서 피오트르를 즐겁게 해 주려 했다. 배를 타고 가는 동안 나빌과 레나타는 아무것도 먹지 못했다. 이틀 뒤 그들은 그리스의 피레에프스 항에 도착했다.

그란트가 린다라는 영국 기독교인에게 항구로 마중 나와 달라고 미리 연락을 해 놓았다. 하지만 그녀는 다른 약속 때문에 나올 수 없어서 미국인 친구를 대신 보내 나빌 가족을 데려오게 했다. 이 미국인은 나빌이 처한 특수한 상황을 전혀 모르고 있었다. 그는 나빌 가족의 짐을 밴에 실으면서 물었다.

"어느 호텔로 모셔다 드릴까요?"

"솔직히 우리는 호텔에 갈 형편이 못됩니다. 그리고 우리는 꼭 린다를 만나야 합니다. 우리가 여기서 유일하게 아는 분이거든요."

이 미국인은 친절하게도 호텔의 첫날 숙박료를 지불해 주겠다고 했다. 그러나 나빌이 사양하자, 그는 자신이 근무하는 호스텔에 조그마한 예비 창고방이 지금 비어 있는데, 린다가 시내로 돌아올 때까지 나빌이 그 방을 공짜로 쓸 수 있다고 했다. 나빌 가족은 이 제안을 흔쾌히 받아들였다. 그 방은 매우 작았고, 가구도 없이 철제 침대 두 개만 휑하니 놓여 있었다. 그들은 린다가 나타나기를 기다리며 그곳에서 이틀을 보냈다. 그러는 동안 할 일이 거의 없어서 주변 지역을 걷기도 하고 앉아서 이야기를 주고받다가 또 기다리기를 거듭했다. 모기가 한창인 때인지라 밤에 거의 잠을 이룰 수 없었다. 마침내 린다가 돌아왔다. 그녀는 나빌 가족이 같은 호스텔 내의 괜찮은 방에서 지낼 수 있도록 손을 써 주었다.

사실 린다는 그란트에게서 받은 소식이 있었다. 나빌 가족이 배에 오른 뒤 얼마 지나지 않아, 그들의 영국행 비자가 나왔다고 영국 대사관에서 그란트에게 알려 왔다는 것이었다! 즉시 그란트는 비자를 받아 아테네로 부치기 위해 영국 대사관으로 달려갔다. 그러나 일이 뜻대로 되지 않았다. 대사관은 비자를 런던으로 돌려보내야 했고, 결과적으로 나빌이 그리스에서 비자를 받기 위해서는 영국 내무성의 승인이 필요했다. 영국 영사는 왜 나빌 가족이 비자를 받기도 전에 키프로스를 떠났는지 의아하게 생각했다.

"그 사람들, 키프로스에서 추방된 겁니까?"

영사가 의심스러운 말투로 그란트에게 물었다.

"아뇨. 자기들 발로 떠난 겁니다."

그란트가 솔직하게 대답했다.

그란트는 기독교 기관의 영국 지부에 연락하여, 정부 당국을 재촉해서 최대한 빨리 비자를 아테네로 보낼 수 있도록 애써 달라고 신신당부했다.

나빌과 레나타로서는 이 기간이 정말 견디기 힘든 때였다. 먹을 것이 아예 없다시피 했다. 아무도 그들의 곤경을 알아채지 못했다. 그들은 호스텔 직원이 회사 소유의 먹보 개 세 마리에게 아주 비싼 수입품 개 전용 통조림을 먹이는 것을 부러운 눈으로 바라보아야 했다. 한번은 옆방에 투숙한 캐나다 여자가 고맙게도 피오트르에게 비스킷을 몇 개 주었다. 그러나 이런 일이 없으면 그들은 빵과 물로만 버텨야 했다.

매일 아침 나빌은 버스를 타고 아테네 중심부에 있는 영국 대사관을 찾아갔다. 고대하는 비자가 어서 도착하기를 갈망하며 거기서 기다리기 위해서였다. 대사관에 들어간 첫날, 그는 별실로 끌려가서 혹독한 보안 점검을 받았다. 그가 시리아 사람인 것을 직원들이 알았기 때문이다. 테러 공격이 두려운 나머지 위험의 소지가 없게 하려는 것이었다. 나빌로서는 유독 혼자만 그런 검사의 대상이 되어, 남들은 하지 않는 특수 탐지기를 통과하고 몸 수색을 당하고 끝없는 질문 공세에 시달려야 하여 이만저만한 치욕이 아니었다. 그러나 그가 매일같이 나타나자, 대사관 직원들은 그와 곧 익숙한 사이가 되었다.

그리스에서 허용된 기간인 30일이 지났다. 하지만 영국 비자 소식은 감감했다. 그리스 당국이 그들에게 체류 연장을 해 줄까? 만약 그리스에서 추방당하고 나서 비자가 도착한다면 어떻게 되나? 다시 한 번 나빌 가족은 그야말로 속수무책인 상황 속에서 극심한 고통을 겪게 되었다. 마치 자신들이 막강한 관료들에게 휘둘리는 체스 판의 졸처럼 느껴졌다. 이 난관을 헤쳐나갈 힘이 전혀 없기에, 그들은 또다시 하나님을 향해 울부짖으며 긍휼과 도우심을 구하는 수밖에 없었다. 그런데 키프로스에 있을 때보다 하나님이 지금 기도를 더 잘 들어주시는 것 같아 위로가 되었다.

고맙게도 린다가 그리스 이민국으로 동행해 주었다. 그녀는 이민국 직원들과 잘 알고 지내는 사이였다. 종종 이들이 그녀의 비자를 처리해 주었기 때문이다. 린다가 직원들에게 다가가서 어려운 형편에 처한 나빌 가족을 도와 달라고 부탁했다. 그러자 담당 직원이 대답했다.

"저, 린다 씨. 저는 린다 씨가 우리나라에서 하고 있는 일을 중요하게 생각하고 린다 씨를 존경합니다. 하지만 관광 비자는 연장하지 못하도록 법에 규정되어 있어 부탁대로 해 드릴 수가 없습니다. 이분들은 반드시 출국해야 하며, 다시 와서 관광 비자를 새로 신청하면 될 겁니다."

린다는 나빌 가족이 너무나 궁핍하여 표 살 돈이 없는 사정을 설명하며 한참 동안 직원과 이야기를 나누었다. 마침내 직원이 사정을 봐 주었다.

"최장 열흘간 연장해 드리죠. 이분들이 영국 비자를 기다리고 있다는 걸 아니까 이렇게 해 드리는 겁니다. 이 기간 내에 영국 비자를 받으시기 바랍니다. 만약 그게 안 된다면 또 연장해 달라고 제게 찾아오지 마십시오. 제가 할 수 있는 것은 여기까지입니다."

그들은 이민국 직원에게 고마움을 표시하고 감사한 마음으로 호스텔로 돌아왔다. 다시금 나빌은 매일 아침 습관처럼 영국 대사관으로 걸음을 옮겼다. 그리고 9시에 문이 열리면 안으로 들어가 문이 닫히는 오후 1시까지 참을성 있게 기다렸다.

"미안합니다, 마다니 씨. 오늘도 소식이 없네요. 내일을 기대해 봅시다."

직원은 문을 잠그며 나빌에게 위로의 말을 건넸다.

ꕤ

추가로 연장된 열흘이 째깍째깍 지나가고 마지막 금요일이 되었다. 아침에 방을 나서기 전에 나빌은 레나타에게 이렇게 말했다.

"여보, 이번이 우리의 마지막 기회야. 오늘 비자를 받지 못하면 당신은 아이들과 비행기를 타고 폴란드로 가야 돼. 나는 시리아로 추방될 게 뻔해. 거기서 무슨 일을 당할지는 아무도 몰라. 만약 내가 살아 있다면 어떻게든 당신한테 연락할게."

둘은 서로 부둥켜안고 울었다. 곧이어 나빌은 버스 정류장으로 향했다.

대사관에 도착한 나빌은 여느 때와 마찬가지로 자리에 앉아서 기다렸다. 린다가 정오쯤, 그러니까 주말을 앞두고 대사관이 문을 닫기 전에, 나빌을 만나러 오겠다고 약속했었다. 오후 1시 무렵 영사가 집무실에서 나와 말했다.

"마다니 씨, 미안하지만 아직까지 아무런 연락이 없네요. 좋은 주말 보내세요. 혹시 다음 주에는 소식이 오겠죠."

영사는 오늘이 나빌의 마지막 날인 줄 전혀 모르고 있었다.

나빌은 선 채로 돌기둥처럼 굳어 버렸다. 충격이 너무 컸다. 그는 왈칵 울음을 터뜨리며 자신의 상황을 영사에게 털어놓았다. 영사가 당황해하다가 말했다.

"잠깐만요. 저쪽 방에서 텔렉스 소리가 나네요. 가서 확인해 볼게요."

잠시 후 돌아온 그의 손에 종이 한 장이 들려 있었다.

"마다니 씨, 이름 철자가 어떻게 되죠?"

나빌이 또박또박 발음해 주자, 영사가 물었다.

"필요한 서류 지금 다 갖고 있습니까?"

나빌은 고개를 끄덕였지만 말은 한마디도 할 수 없었다. 그날 그는 극단으로 요동치는 감정의 소용돌이를 계속 겪었기 때문에 거의 졸도할 지경에 이르렀다.

영사가 그를 부축하여 의자에 앉히고는 물을 가져다주며 두서없이 말했다.

"걱정하지 마세요. 내가 다 알아서 처리할게요."

그는 나빌의 가방을 열고 서류 더미를 이리저리 뒤졌다. 마침내 사진과 수수료 및 기타 필요한 서류가 눈앞에 드러났다.

"그런데, 마다니 씨, 런던에 도착하면 누가 공항으로 마중 나올 겁니까?"

나빌의 입에서 말이 나오지 않았다. 생각이 텅 비어 버린 것이다. 다행히도 바로 그 순간 린다가 나타났고, 이윽고 나빌을 대신하여 일을 해결해 가기 시작했다. 그녀는 나빌 가족이 영국에서 받게 될 훈련 프로그램과 그것을 운영하는 기독교 기관에 대한 정보를 비롯해 영사가 필요로 하는 모든 자료들을 제시했다. 그리고 한편으로는 나빌의 기운을 북돋아 주기 위해 시원한 콜라를 갖다 주면서 실낱같이 남은 최후의 순간에 일이 풀린 것이 얼마나 기쁜지 모르겠다고 했다.

영사도 친절하게 말했다.

"월요일에 비자 받으러 오세요."

또다시 린다가 구조원으로 나서서, 바로 오늘이 나빌 가족의 그리스 비자가 만료되는 날이라고, 즉 오늘이 영국 비자를 받을 수 있는 마지막 기회라고 영사에게 설명해 주었다. 린다가 영국인인 덕분에 수월하게 설득할 수 있었고, 결국 영사가 마음을 바꾸었다.

"좋습니다. 벌써 금요일 오후가 되었지만, 지금 당장 해 드리죠."

영사는 소중한 주말 시간을 손해 보면서도, 친절하게 서류를 일일이 작성한 다음 여권에 스탬프를 찍어 나빌에게 주었다.

"여기 비자가 나왔습니다. 그렇지만 이것으로 영국 입국이 확실하게 보장되는 것은 아닙니다. 현재 영국과 시리아가 외교 관계가 없다는 것을 유념하셔야 합니다. 런던 히스로 공항에서 입국 심사를 받을 때 어려움이 생길지도 모릅니다. 어쨌든 행운을 빕니다!"

시름이 탁 놓였다! 나빌은 공중에 붕 뜬 기분이었다. 기적이 또 하나 일어난 것이었다. 마지막 순간 하나님이 또 개입하셔서 나빌 가족의 곤경을 해결해 주신 것이다! 이제 그들에게는 영국에 1년간 합법적으로 머물 수 있는 비자가 진짜로 주어져 있다. 지난 몇 주 동안 숱하게 실망을 경험한 나빌로서는 감지덕지가 아닐 수 없었다.

M

나빌과 린다가 호스텔에 들어가자, 레나타가 몹시 기대하는 눈으로 올려다보았다.

"레나타, 미안해. 오늘도 비자가 안 나왔어."

그는 무슨 생각에서인지 그런 중대한 순간에 아내에게 그처럼 잔인한 장난을 치고 말았다. 레나타가 와락 눈물을 쏟았다. 그러자 린다가 달려가서 그녀를 안심시켰다.

"레나타, 그게 아니에요. 나빌이 그냥 농담한 거예요. 비자 나왔어요."

레나타는 너무도 화가 나서 몸을 돌이켜 결혼 생활 처음으로 남편의 뺨을 세차게 후려쳤다. 얼얼했다. 아랍 남자들에게 부인이 남편을 때리는 행위는 매우 모욕적이며 문화적으로 절대로 용인되지 않는 행위이다. 그러나 나빌은 묵묵히 참고 뉘우쳤다. 맞아도 싼 행동이었음을 느꼈기 때문이다.

이제 그들은 신속하게 움직여야 했다. 런던행 비행기 표를 구입하기 위해 시내 중심가로 달려갔다. 하지만 가장 이른 항공편은 월요일에 있었다. 그러자 그리스 당국에서는 그들이 영국 비자가 있기 때문에 주말을 넘겨 머물 수 있도록 흔쾌히 허락해 주었다.

월요일 아침, 린다가 나빌 가족을 공항으로 태워다 주었고, 그들은 런던행 비행기에 몸을 실었다. 피오트르는 혼자서 놀고 마크는 울어대도, 레나타는 행복에 겨워 비행시간 내내 잠을 잤다. 나빌은 아테네에서 런던까지 거의 세 시간 동안 줄곧 기도를 했다.

"하나님, 이번 입국 심사를 잘 통과하게 도와주세요. 이렇게까지 저희를 데리고 와서 저버리지는 않으시겠지요?"

비행기가 히스로 공항에 착륙하자, 그들은 공항 청사로 가서 짐을 찾아 가지고 입국 심사장으로 향했다. 심사장에서 여자 관리가 물었다.

"마다니 씨, 보니까 그리스에서 비자를 받았던데 왜 다마스쿠스에서 받지 않으셨지요?"

나빌은 여러 달 동안 키프로스와 그리스를 여행하느라 그렇게 되었다고 설명하면서 침착하고 태연한 모습을 유지하려고 애썼다. 관리가 납득하는 것 같았다.

"1년간 기독교 훈련 프로그램에 참여하는 것 맞지요?"

그렇다고 나빌이 고개를 끄덕이자, 그녀가 말을 이었다.

"좀 희한하군요. 어째서 이름이 나빌 무함마드입니까?"

나빌은 자신이 기독교인이라는 사실을 차분하게 설명했다.

"1년 기간이 끝나면 무엇을 할 계획입니까?"

그녀가 계속 캐물었다.

"죄송합니다만, 그것까지는 정말 모르겠습니다."

나빌이 솔직히 대답했다.

"실례합니다. 이 건을 상급 담당자에게 가져가서 상의해 봐야겠습니다."

그녀는 이렇게 말하고 자리를 떴다.

나빌은 무릎이 후들거렸다.

"레나타, 올 것이 왔어. 이제 우리는 끝났어."

그러나 잠시 후 돌아온 관리는 미소를 머금고 있었다.

"고민이네요. 그쪽은 시리아 사람이고 부인은 폴란드 사람이라 아주 특이한 경우인데, 어떤 스탬프를 사용해야 할지 판단이 서질 않아요."

"아무거나 마음에 드는 것으로 하시죠."

12. 터널 끝에 빛이 보이다

나빌이 안도의 숨을 내쉬며 말했다.

"됐습니다. 나중에 내무성에서 연락이 갈 겁니다. 영국에 오신 것을 환영합니다!"

그녀가 나빌에게 여권을 건네며 말했다.

하나님이 그들의 기도에 응답해 주셨다. 드디어 영국 입국에 성공한 것이다. 나빌은 가족과 함께 출구를 향해 가면서도 이 일이 잘 믿기지 않았다. 출구에는 영국 지부의 직원이 그들을 런던으로 데리고 가려고 밴을 몰고 와서 기다리고 있었다. 그들이 거주할 조그마한 집도 마련되어 있었다. 이제 그들은 자유롭게 숨을 쉴 수 있게 되었다. 추방을 두려워할 일도 없고 비자 연장을 무한정 기다릴 필요도 없는 1년의 세월이 그들 앞에 펼쳐진 것이었다!

나빌은 런던에 도착한 지 1주 후부터 회계 직원으로 근무하기 시작했다. 그런데 그가 익숙해져야 할 것이 참 많았다. 그중 하나가 영문 회계 처리였다. 그 전까지 그는 아랍어로만 회계 업무를 보았는데, 이제 여기서 일을 하려면 영어 용어를 모두 익혀야 했다. 다행히도 같이 일하는 사람들이 매우 자상했고 그를 최대한 도와주었다.

레나타는 적응에 좀더 시간이 걸렸다. 이웃에 아는 사람이 전혀 없고 아직 영어도 서툰 데다가, 나빌이 일하러 밖에 나가 있는 동안 아이들과 집에 남아 있어야 했기 때문이다. 나빌이 저녁에 귀가하기 전까지 레나타와 말동무를 할 성인 친구가 아예 없다시피 했다. 심적으로 너무나 고달팠던 그녀는 시내로 구경을 가 보고 싶은 마음이 굴뚝같았다. 하지만 남편은 사무실에서 종일 일하느라 귀가할 때쯤이면 녹초가 되어 있었다. 어떤 면에서는 이때가 그들의 결혼 생활에서 가장 힘든 해였다. 그들은 '정상적인' 삶과 친숙해져야 했고, 새로운 언어와 문화에도 빨리 적응해야 했다. 근무지와 출석 교회에서 만난 기독교인들이 친절하기는 했지만, 그들이 의지할 일가친척은 거기에 없었다. 결국 그들은 스스로의 힘으로 헤쳐 나가야 했고, 때로는 참담한 상황에 맞닥뜨리기도 했다.

나빌과 레나타는 영국에서 새로 만난 이웃들과 원활하게 의사소통을 하기 위해 영어 학습 과정에 등록했다. 영국에서 그들이 가장 좋아했던 것 중 한 가지는 키프로스와 그리스에서 경험했던 긴장된 세월과는 너무도 다른 안정감이었다. 공무원들이 더 협조적이고 여유가 있었다. 내무성 관리들까지도 그랬다. 행정 처리는 편지로 할 수 있었고, 급하게 관공서로 달려갈 필요도 없었다. 이들은 나빌 가족을 인격적으로 대우해 주었다. 이것은 중동 국가의 관료들이 자신들이야말로 일반인을 함부로 다뤄도 되는 신과 같은 존재라고 여기는 풍조와는 아주 딴판이었다. 그에 비하면 영국에서의 삶은 마치 낙원과도 같았다!

물론 영국에는 다소 생소해 보이는 일들도 있었다. 중동이나 폴란드는 사람들이 자주 왕래하며 섞여 지내는 문화였지만, 영국 사람들은 서로 어울리지 않고 폐쇄적이며 경직되어 있는 듯했다. 개인적인 문제를 털어놓는 경우도 없고, 느긋하게 잡담을 즐기려고 불쑥 친구를 방문하는 일도 없었다. 그래서 영국인들이 겉으로 감정을 별로 드러내지는 않아도 사실은 매우 친절하며 그들에게 관심이 많다는 것을 나빌 부부가 이해하는 데는 시간이 제법 걸렸다. 시리아에 있을 때, 나빌은 하루 중 아무 때나 그의 집에 방문객이 들러 한담을 나누는 것이나, 그의 가족이 다른 집이나 친구를 방문하러 외출하는 것에 익숙해 있었다. 누구도 외톨이로 있지 않았고, 언제나 찾아가서 대화하거나 수다를 떨 상대가 있었다. 런던에서 나빌 가족은 지나가다 들르는 사람 하나 없이 날마다 집에서 조용히 살아가는 법을 배우게 되었다. 참 외로웠다. 이런 생활 방식에 적응해 가기가 쉽지 않았다.

몇 달 후, 나빌이 속한 기독교 기관이 잉글랜드 북서부의 조그마한 도시로 이전했다. 이에 따라 나빌 가족도 다시 이사를 했다. 거기서 그들은 서서히 자리 잡고 교회도 정했다. 교회는 그들을 반갑게 맞았으며 여러 가지 도움도 주었다. 결혼한 이후 처음으로 나빌 부부는 포근한 거처와 안정된 직장을 확보했고, 사람들과 친밀하게 교제할 수 있는 교회를 다니게 되었다. 그들은 안정적인 삶의 재미를 만끽했다.

레나타의 어머니가 자유롭게 영국에 와서 딸과 사위를 만나고 외손자들과 즐거운 시간을 보낼 수 있게 된 것도 그들에게 또 하나의 기쁨이 되었다. 때마침 동유럽 공산 체제가 붕괴되어 그런 여행이 수월해진 것이다. 물론 매년 한 차례씩 나빌 가족의 비자 갱신 문제가 남아 있긴 했다. 그때마다 나빌은 영국에서 과연 한 해 더 머물도록 허락받을 수 있을까 하며 마음을 졸였다.

영국에서 첫 해가 다 되어갈 무렵, 내무성에서 나빌 가족에게 추가로 1년간 비자를 연장해 주었다. 기쁜 소식이었다. 그리고 둘째 해도 지나갔다. 이번에는 나빌 가정이 출석하는 교회의 목사가 나빌에게 정치적 망명을 신청해 보는 것이 어떻겠느냐고 조언했다. 그 지역 국회의원과 안면이 있던 목사는 그들의 인터뷰를 주선하기까지 했다. 국회의원은 나빌 가족에게 자초지종을 듣고 깊은 감명을 받았다. 그리고 힘 닿는 데까지 그들을 돕겠다고 약속했다. 그가 내무성에 편지를 써서 보내자, 내무성에서 나빌에게 작성할 서류를 한 뭉치 부쳐 주었다. 1991년 4월, 준비를 모두 마친 나빌은 드디어 정식으로 망명 신청서를 제출했다.

## 13. 망명을 인정받기까지

영국에 정치적 망명 신청을 한 뒤, 나빌 부부는 마음을 다잡고 장기전 태세로 들어갔다. 1992년 12월, 내무성에서 통지가 왔다. 이듬해 3월 10일 맨체스터 공항으로 망명자 인터뷰를 하러 오라는 내용이었다. 아울러 통역자가 필요한지도 알려 달라고 했다. 나빌은 인터뷰 통지를 받았다는 확인서를 등기우편으로 보냈다. 그러나 통역자를 부르는 것은 사양하겠다는 뜻을 밝혔다. 영어로 말하고 이해하는 데 자신이 있었기 때문이다. 대신 그는 자기가 소속된 기독교 기관의 이사가 동행할 수 있게 허락해 달라고 했다. 인터뷰 예정일을 한 달 앞두고 내무성에서 다시 연락이 왔다. 통지를 받았다는 것을 왜 확인해 주지 않느냐는 것이었다. 다행히도 나빌은 등기우편을 이용했기 때문에, 내무성에 이미 확인서를 보냈다는 사실을 증명할 수 있었다. 뒤에 내무성은 자기들이 나빌의 편지를 잘못 두었다는 것을 인정했다.

나빌과 레나타는 인터뷰 날짜를 몇 주 앞둔 무렵부터 기도도 많이 하고 남들의 조언도 많이 받았다. 극심한 불안과 긴장이 내내 끊이지 않았다. 결과가 어떻게 나올지 조마조마했다. 그 한 번의 인터뷰에 너무나도 많은 것이 걸려 있는 것 같았다!

마침내 그날이 이르렀다. 나빌은 이사를 태우고 맨체스터 공항으로 차를 몰았다. 운전 중에 두 사람은 나빌 가족의 상황을 되짚어 보면서, 인터뷰를 맡은 관리에게 이를 어떻게 설명하면 좋을지 논의했다. 한편으로는 이 건에 대하여 관리가 호의적인 반응을 보일지 어떨지 궁금해지기도 했다. 공항에 도착한 그들은 나빌의 교회 목사가 나빌을 도우려고 고맙게도 그곳까지 차를 몰고 직접 찾아왔었다는 것을 알게 되었다. 그러나 내무성 사람들은 그가 나빌을 만나는 것을 허용하지 않았다. 안타깝게도 목사는 나빌과 아무 말도 주고받지 못한 채 발걸음을 돌려야 했다.

젊은 아시아계 여성이 두 사람에게 다가와, 자신을 내무성 관리라고 소개하고는 나빌에게 본인과 동행인의 신원을 밝혀 달라고 요청했다. 신원이 확인되자, 그녀는 그들에게 좀 기다리라고 했다. 15분쯤 지나서 빈 인터뷰실이 생겼다. 탁자 하나와 의자 네 개가 놓인 조그마한 방이었다. 안으로 들어가자, 여자 관리는 이 인터뷰를 위해 자신이 통역자를 지정해 놓았다고 했다. 나빌과 이사는 통역자를 사양한다고 이미 통보한 사실을 들어 이의를 제기했다. 하지만 그녀는 통역자가 있어야 한다며 고집을 굽히지 않았다. 한동안 열띤 논란이 벌어졌다. 결국 나빌과 이사는 만일의 경우 생길 수 있는 오해를 방지하기 위해 통역자를 받아들이기로 했다.

통역자가 들어오자, 나빌은 그 사람이 시리아 국적자로서 영국에 사는 무슬림이라는 것을 알고는 기겁을 했다. 인터뷰를 하는 여자 관리는 파키스탄 출신 무슬림이었다. 사태가 영 심상치 않아 보였고 나빌에게 불리하기만 했다! 의도적으로 이렇게 준비해 놓은 게 아닐까? 더욱이 나빌의 이사는 입회자로서 듣기만 해야 하며 어떤 식으로든 인터뷰에 개입하거나 의견을 내놓을 수 없다고 관리가 못 박았다. 나빌은 몹시 걱정되었다. 이 일이 악몽으로 번지지 않기를 바랄 뿐이었다.

인터뷰는 아침 9시 30분부터 오후 6시 30분까지 계속되었다. 휴식은 중간에 5분, 딱 한 번뿐이었다. 관리는 나빌의 출신과 직업, 직장 같은 개인적인 사항들을 물어보는 것으로 인터뷰를 시작했다. 그 다음 그가 정치적 망명을 신청한 이유에 관한 질문이 이어졌다. 나빌은 수없이 쏟아지는 질문들로 마치 폭격을 당하는 기분이었고, 정신적 중압감으로 녹초가 되어 버렸다. 긴장 탓에 입이 바싹 말랐다. 관리와 통역자는 차를 마시면서도 나빌과 이사에게는 물 한 방울 권하지 않았다. 그녀는 본질과 무관한 사소한 것들에 너무 깊이 파고드는 것 같았다. 예컨대 1982년(무려 10년 전이다)에 소득이 얼마였고 어떻게 썼는지를 캐묻는 게 아닌가. 그런 것들을 기억하리라고 기대하는 것 자체가 어처구니없었다. 그녀가 나빌에게 심리적인 압박을 가하려는 것이 분명해 보였다. 그가 취업한 사실이 망명 신청과 어울리지 않는다는 점을 애써 부각하려는 관리의 태도에 나빌의 좌절감이 극에 달했다. 나빌은 공익 자선단체가 망명 희망자를 고용하는 것이 망명 신청과 법적으로 무슨 관련이 있는지 아는 바가 전혀 없었다. 나빌의 이사는 이 분야의 전문가였지만 발언이 금지되어 있었다. 그러나 한참 동안의 실랑이 끝에 그녀는 이사가 상황 설명을 하게 해 주었다.

이어서 관리는 나빌더러 왜 기독교인이 되었으며 그것이 그의 삶에 어떤 변화를 일으켰는지 물었다. 나빌은 기독교가 이슬람교보다 우월하다는 사실을 깨닫게 된 경위를 설명하면서 그녀가 무슬림으로서 모욕감을 느끼고 있음을 직감했다. 더욱이 같은 신앙을 가진 시리아인 통역자가 앞에 있으니 기분이 더 언짢았을 것이다. 나빌과 이사가 보기에 의심스러운 일은 또 있었다. 통역자가 인터뷰의 모든 내용을 기록하고 있는 것이었다. 왜 적고 있느냐고 묻자, 관리는 통역자가 내무성 소속이 아닌 독립적인 사람이므로 그에게 신경쓰지 않아도 된다고 대수롭지 않게 말했다.

그야말로 고문이나 다름없는 인터뷰였다. 나빌과 이사 둘 다 이 인터뷰가 그들에게 모욕감을 주기 위해 계획적으로 짜 맞춰진 것이라 생각했다. 나빌이 보기에 일단 관리가 인터뷰 결과 보고서를 상관에게 제출하고 나면 망명이 허용될 가능성이 전혀 없을 게 확실했다. 1주 후, 두 사람은 버밍엄에 있는 고문 변호사를 찾아가서 인터뷰 진행 방식에 대한 불만을 호소했다. 일의 전말을 들은 여자 변호사는 경악하며, 버밍엄의 내무성에 즉각 불만을 제기해야 한다고 조언했다. 그녀는 이 인터뷰가 나빌의 입장에 편견을 갖게 하여 부정적인 판정이 내려지게 하려는 의도가 명백하고, 적대적이며 몰인정하고 교묘한 수법을 썼다는 데 의견을 같이했다.

변호사와 내무성 사이에 숱한 서신이 오간 끝에, 나빌은 내무성으로부터 그의 망명 신청이 '검토 중'에 있다는 통지를 받았다. 이제 그가 해야 할 일은 없었다. 끈기 있게 기다리며 하나님을 신뢰하는 것 외에는.

이듬해, 나빌이 근무하고 있는 기독교 기관이 영국 북부 지역의 '우수 업체'라는 명예로운 상을 받게 되었다. 나빌의 상사인 이사가 수상식에 참여했는데, 수여자로 위촉받고 온 귀빈이 뜻밖에도 내무성 장관이었다. 이사는 수상식 이후 만찬에 초대받았고, 장관 바로 옆자리에 앉게 되었다. 이 기회를 이용해 그는 장관에게 나빌의 건을 언급하며, 인터뷰가 편파적으로 진행된 것에 분노하고 있다고 털어놓았다. 그러자 장관은 그 상황을 낱낱이 설명하는 비공식 진술서를 자기한테 보내 달라고 이사에게 요청했다.

이사의 진술서가 도착하자, 내무성은 철저한 내부 감사에 들어갔다. 그리고 1995년 5월, 장관이 직접 나빌 가족에게 편지를 써 보냈다. 1999년 5월까지 영국에 거주할 수 있도록 정치적 망명을 허용하기로 했으며, 그때가 되면 영주권 신청 자격이 주어진다는 내용이었다. 이 얼마나 반가운 소식인가! 나빌 가족은 안도감과 감사와 기쁨으로 어쩔 줄 몰라 했다. 하나님이 그들의 기도에 응답하신 것이고, 7년이나 걸린 기다림의 여정이 끝난 것이다! 마침내 그들은 뿌리를 내릴 수 있게 되었다.

☒

그 후 나빌의 두 아들은 학교에 다니기 시작했다. 그들은 이내 영어를 막힘없이 구사하게 되었고 학교생활도 아주 즐겁게 적응해 나갔다. 교회 성가대에도 들어가, 독일과 폴란드로 순회 합창 공연을 떠나기도 했다. 이제 나빌 가족에게 좋은 친구들이 많이 늘어났다. 그중에는 중동에서 온 사람들도 있었는데, 마치 한 식구처럼 느껴졌다. 나빌 가족은 외국 여행도 자유로이 할 수 있게 되었으며, 맨 먼저 폴란드로 가서 레나타의 어머니를 비롯한 친척들을 찾아뵈었다. 기쁨 넘치고 가슴 벅찬 재회의 시간이었다.

1998년까지 나빌은 기독교 기관의 회계부에서 8년간을 근무했다. 그는 영국식 거래 방식과 사업 관계 등에서 귀중한 경험을 쌓았고, 그와 아울러 기관의 성장과 번창에도 이바지했다. 그러나 하나님은 아랍의 언어 및 문화에 관한 그만의 강점과 지식이 활용될 수 있는 다른 일터로 나빌을 부르고 계신 것 같았다. 철저히 중동인들에게 초점을 맞추어 사역하는 한 기독교 단체가 나빌을 접촉했다. 그 단체가 나빌에게 재정 담당 부책임자 지위를 제의하자, 나빌 부부는 이것이 하나님의 분명한 인도하심이라고 느꼈다. 나빌은 자신의 아랍어 능력을 절실히 필요로 하는 미디어 부서의 일에도 관여하게 되었다. 새롭게 펼쳐진 앞길에 기대와 흥분이 넘쳤다!

물론 나빌 가족이 또다시 이사하는 것은 쉬운 일이 아니었다. 하지만 그들은 자신들의 능력이 가장 잘 발휘될 수 있는 곳에서 하나님을 섬기고 싶었다. 게다가 이번에는 든든한 망명자 신분이라는 보호막 안에서 움직이는 것이었다. 남은 것은 영주권 신청 날짜가 오기를 기다리는 것뿐.

마지막으로, 나빌 가족은 '잃어버린' 지난 세월과 고난으로 점철된 과거를 원망의 눈으로 돌아본 적이 한 번이라도 있을까? 절대로 없다! 오히려 그들은 나빌이 처음 예수 그리스도를 믿게 된 이후 험난한 시기를 지나는 동안 하나님이 얼마나 신실하게 이끄시고 필요를 채워 주셨는지를 경이로운 마음으로 돌아본다. 때로 압박을 견뎌 내기가 거의 불가능할 것 같았지만, 하나님은 항상 피할 길을 내주셨다. 그들은 높은 관리들이나 좋은 사람들을 의지하기보다는 누구에게나 가까이 계시는 가장 좋은 친구를 신뢰하며 나아갔다. 그분은 별것 아닌 우리 사람들을 위하여 하나님 아버지께 간구하는 그리스도 예수시다. 나빌 가족은 기도의 힘을 확신하게 되었다. 그리스도를 믿음으로 그들은 자녀들을 돌보는 일을 결코 멈추지 않으시는 사랑의 아버지를 발견했다. 이슬람교의 하나님은 알 수 없는 분이고 카톨릭의 하나님은 멀기만 한

분이지만, 나빌 가족이 만난 그리스도는 인격적이고 친밀한 구원자요 주님이시다. 그들은 어두움에서 걸어 나와 빛 가운데로 들어갔고, 율법적 형식주의라는 암흑의 터널에서 빠져나와 하나님과 사귐이 있는 광명한 곳으로 들어갔다. 그리고 이슬람교의 변덕스럽기 그지없는 하나님을 어떻게든 만족시켜 점수를 따고자 하는 수고로움에서 벗어나 '그리스도 안에' 있는 평안함 속으로 들어갔다. 이 평안은 그분의 의와 피가 덮어서 지키는, 성령으로 가득 찬 안전함이다. 무엇보다도 그들은 그리스도 안에서 자신들의 모든 죄를 용서 받았고, 천국에 자기들이 거할 곳이 있다는 것을 알고 있다.

나빌과 레나타가 아주 좋아하는 바울의 고백이 있다. 자신들이 종종 느끼는 것을 잘 표현하는 말씀이다.

"나는 뒤에 있는 것을 잊어버리고 앞에 있는 것만을 바라보고, 그리스도 예수 안에서 하나님께서 위로부터 부르신 그 부르심의 상을 받으려고 목표를 향하여 달려가고 있습니다"(빌 3:13-14).

나빌은 여전히 조국과 동족을 사랑한다. 그는 예수께서 중동에서 태어나고 자라셨으므로 서양인들보다는 중동 사람들이 그분의 비유나 이야기, 그 뒤에 숨겨진 의미를 더 쉽게 이해할 수 있다고 믿는다. 나빌 가족의 가장 큰 소망은 시리아에 있는 식구들과 화해를 이루는 것이다. 이를 위하여 그들은 꾸준히 기도하며 간절히 기다리고 있다.

### 옮긴이의 말

나빌을 만나고 싶었다. 지금도 영국에 살고 있을까? 여러 경로로 연락을 시도했다. 얼마 후, 귀에 선 목소리가 전화를 걸어 왔다.

이럴 수가! 나빌이었다. 마치 오랜 친구처럼 반가웠다. 어디냐고 물었다. 내가 사는 곳에서 자동차로 한 시간 반이면 닿을 수 있는 데였다. 서둘러 약속을 잡았다. 어떤 모습의 사람일까? 그 모질고 긴 고난의 세월을 겪어 냈으니 아주 강인한, 어쩌면 좀 험상궂은 얼굴은 아닐까?

차에서 내리는 나를 향해 성큼성큼 다가오는 그는 만면에 웃음을 머금고 있었다. 여유 있는 체구에 친근하기 그지없는 인상이었다. 마음씨 좋은 이웃집 아저씨 같다고나 할까? 그의 표정에는 인고忍苦의 흔적이 조금도 묻어나지 않았다.

나빌은 지금의 삶이 행복하다고 했다. 그도 그럴 것이, 목숨 걸고 지킨 신앙을 자유로이 이어 갈 수 있을 뿐 아니라 그 신앙을 사람들에게 나누는 풍성한 일에 자신의 인생을 통째로 드리고 있기 때문이다. 현재 그는 중동인 대상의 한 선교 단체에서 미디어 및 문서 사역 책임자로 8년째 섬기고 있으며, 수시로 여러 사역지를 분주하게 돌아다닌다. 또 그는 머지않은 장래에 한국도 방문하여 자신의 믿음과 비전을 나눌 기회가 오기를 희망하고 있다.

그는 잃어버린 사람들을 향한 안타까움과 구원을 위한 간절함을 거침없이 토해 냈다. 시리아의 부모님은 세상을 떴고 일가친척과는 연락조차 할 수 없는 상황이니 그 심정이 어떠하겠는가? 그러나 그는 자신이 지나온 길이 끔찍했지만 조금도 후회나 아쉬움이 없다고 했다. 지금도 똑같은 길을 반복해야 한다면 그렇게 하겠노라고 고백하는 나빌이다.

나빌의 불퇴전의 의지와 순수한 마음, 정금 같은 신앙이 부럽기만 하다. 동시에 나빌을 그렇게 만들어 내고야 마신 하나님의 은혜와 열심이 놀랍다. 사람이 자신을 온전히 드릴 때 하나님은 그 사람을 날줄로 하고 성령의 능력을 씨줄로 하여 형언할 수 없는 작품을 만들어 내신다!

만약 내게 나빌이 통과한 길이 놓여 있었다면 난 어떻게 했을까? 쉽게 답할 수 있는 질문은 결코 아닐 게다! 진리 탐구는 귀찮은 일로 밀려나고 신앙의 자유는 당연한 것처럼 생각되며 인내는 장식품 정도로 여겨지고 헌신은 별종의 사람들만 하는 것으로 종종 간주되는 오늘날 우리의 현실, 그리고 그런 현실을 아무렇지도 않게 받아들이는 적지 않은 신자들을, 나빌의 이야기는 뿌리째 뒤흔들어 놓는다. 아울러 믿음의 행로에서 험한 나날을 지나는 신자들에게 이 책은 크나큰 위로와 격려를 준다. 하나님이 자신들을 얼마나 신실하게 이끌어 주셨고 모든 필요를 채워 주셨는지를 경이로운 마음으로 돌아본다는 나빌의 고백은 우리에게 시사하는 바가 참으로 많다.

히브리서 11장에 등장하는 믿음의 위인들의 이야기는 아직 끝나지 않았다. 아니, 끝나지 않는다! 하나님은 인간 역사가 막을 내리기 전까지 세계 곳곳에서 끊임없이 믿음의 위인들을 부르고 일으키실 것이다. 이 책을 읽는 이들 중에서 세상이 감당치 못할 그 반열에 서실 분들이 나오기를 바라는 마음 간절하다. 누가 알겠는가? 바로 그대가 찬란한 주인공이 될지를!

언제나 그렇듯이 내게 번역은 구절양장 같은 작업이다. 정확하면서도 맛깔스럽게 옮기기 위해 단어 하나하나, 표현 하나하나를 대충 넘긴 적이 없다. 그러고도 다시 뜯어보면 솔직히 부족함투성이다. 그럼에도 이러한 나에게 번역을 맡긴 홍성사와, 기꺼이 읽어 주시는 독자들께 깊이 감사를 표하지 않을 수 없다. 그리고 이 일을 통해 내게 은혜 위에 은혜를 더하신 주 예수님께 영광을 돌린다. 아무쪼록 이 책이 많은 분들께 귀한 도전이 되기를 바라며, 그렇게 이끄실 주님을 높이 찬양한다.

이 책에 담긴 나빌과 레나타의 실제 이야기에 도전받고, 기독교 신앙에 관해 더 알고 싶거나 중동 교회의 성장을 위해 기도하기 원하시는 독자는 Arab World Ministries로 연락 주시기 바랍니다. www.awm.org의 방명록에 이름과 주소를 남겨 두셔도 좋습니다.

AWM, PO Box 51, Loughborough, Leicestershire, LE11 0ZQ, United Kingdom
e-mail: awmuk@awm.org

AWM, PO Box 96, Upper Darby, PA 19082, United States of America
e-mail: awmusa@awm.org

AWM, PO Box 3398, Ontario, N3H 4T3, Canada
e-mail: awmcan@awm.org

AWZ, Postbus 9199, 1006 AD, Amsterdam, The Netherlands
e-mail: 76001.47@compuserve.com

MENA, BP2, 69520 Grigny, France
e-mail: menagp@compuserve.com

옮긴이 **고석만**

투자신탁이라는 금융업계에서의 오랜 직장생활을 접고, 위로부터의 부르심에 따라 선교에 투신했다. 현재 Mission For Holy Nations 소속으로 영국에서 조선족 사역을 하고 있으며, 아울러 London School Of Theology(구 LBC)에서 M.Th. 과정을 공부하고 있다. 《하늘에 속한 사람》, 《예수를 업고 가는 아프리카 당나귀》(홍성사)를 번역했다. 아내 백경아와 세 자녀 동성, 수빈, 수현과 함께 섬기는 삶의 은혜와 기쁨을 누리고 있다.

## 터널 끝에는 빛이 있다

지은이 데이비드 자이든  옮긴이 고석만

*The Fifth Pillar* by David Zeidan
Copyright ⓒ David Zeidan 2000
Korean edition ⓒ 2009 by Hong Sung Sa, Ltd.
Translated and used by the permission of the Author
through the arrangement of The Piquant Agency.
All rights reserved.

이 책의 한국어판 저작권은 The Piquant Agency를 통해 저자와 독점계약으로 (주)홍성사에 있습니다.
신저작권법에 의해 한국 내에서 보호받는 저작물이므로 무단 전재와 무단 복제를 금합니다.

2009. 7. 10. 초판 1쇄 인쇄
2009. 7. 17. 초판 1쇄 발행

펴낸이 정애주
편집 송승호 이현주 한미영 김기민 김준표 오은숙 신지은
미술 김진성 문정인 송하현
제작 홍순흥 윤태웅
영업 오민택 이경훈 차길환 국효숙 이진영 오형탁
관리 이남진 안기현
총무 정희자 마명진 김은오

펴낸곳 주식회사 홍성사
1977. 8. 1. 등록 / 제 1-499호
121-883 서울시 마포구 합정동 196-1
TEL. 333-5161 FAX. 333-5165
http://www.hsbooks.com
E-mail: hsbooks@hsbooks.com

ⓒ홍성사, 2009

ISBN 978-89-365-0269-0
값 8,000원 ※잘못된 책은 바꿔 드립니다.
Printed in Korea

HONG SUNG SA, LTD.